湛庐CHEERS

与最聪明的人共同进化

HERE COMES EVERYBODY

把创意作为战略核心

[加] 丹尼尔·拉玛尔 著
Daniel Lamarre
孙文龙 译

BALANCING ACTS

中国财经出版传媒集团
中国财政经济出版社
北京

测一测

你知道创意如何助力战略吗？

扫码加入书架
领取阅读激励

- 在引入外部创意人才后，如何让他们迈上正轨？（　）

  A. 让外部人才与资深员工组队合作

  B. 让外部人才自行适应工作

  C. 让外部人才延续原有工作方式，听之任之

  D. 要求外部人才完全按照团队原有的工作方式

扫码获取全部测试题及答案，
一起发掘创意的力量

- 如果项目执行中发现创意偏离了品牌定位，是否应当及时终止？（　）

  A. 是

  B. 否

- 一家真正有创意的公司，是否应该认真倾听员工的意见？（　）

  A. 是

  B. 否

扫描左侧二维码查看本书更多测试题

序 言

没有创意，就没有生意

也许你会好奇，为何要读一本关于马戏团的书？但是我想在书里告诉你，这家马戏团是怎样从数十人的团队发展成为全球娱乐巨头，从财务泥潭和十亿美元的负债中，借助创意的力量起死回生、重启它在六大洲的演出。

2020 年，也就是我在太阳马戏娱乐集团（以下简称太阳马戏）担任首席执行官的第 14 年的年初，太阳马戏已经在全世界范围内拥有了 44 个现场演出剧目，年收入飙升至 10 亿美元，我们的品牌广受欢迎、家喻户晓。我从那时起便开始撰写本书，以讲述创意在打造一家伟大公司的过程中所发挥的不可或缺的作用。

而后，新冠疫情突然袭来并在全球范围内传播，太阳马戏别无选择，只能取消所有 44 个剧目的演出，并向法院寻求破产保护。我们原有 5 000 名员工，很不幸，随着我们的收入下降到零，我不得不解雇其中的 95%，我的写书计划也被搁置了。毕竟，谁愿意读一本关于一家濒临死亡的公司的书呢？

然而，我下定决心，不仅要拯救太阳马戏，还要继续写这本书，把我所学到的东西写出来。这是我能够坚持下去的动力。随后，在我们最艰难的时刻，不可思议的事情发生了：我不断接到蓝筹股投资者们的电话，他们表示愿意收购我们公司。这样的事让我惊呆了：一家没有销售额、只剩下骨干员工、没有复工时间表的公司，怎么会成为竞购战的争夺目标呢？

答案很快就明晰了：吸引投资者的是太阳马戏这个品牌的巨大影响力和它拥有的知识产权的价值。几个月后，我们被债权人收购，这些金融家吸收了我们 9 亿美元的债务，并额外投资了 3.75 亿美元，用以帮助太阳马戏起死回生。这使得我们公司在还处于瘫痪的状态下，市值就达到了惊人的 12.75 亿美元。

这一系列不可思议的事件，说明了创意为何在商业中如此重要。毕竟，我们没有实物产品，没有工厂或库存，也没有昂贵的不动产。但我们拥有更宝贵的东西：源自艺术家头脑、心灵和身体的无限创意。

事实上，我认为，无论你是企业家、高管还是专家，如果你没有优先考虑创意（它在词典中的定义是“产生新事物或使其存在”），你就是在浪费自己的时间。除非能不断发现新的方法来让客户的生活变得更好，否则没有一家公司值得存在。简而言之，没有创意，就没有生意。

对大多数人来说，任何不可预见的事件在任何时候都可能使一家公司或一个人的职业生涯失去平衡，例如一项新的技术进步、竞争对手发布的新产品、一次自然灾害或经济危机等。正如你将在本书中看到的那样，无论你的麻烦来自何方，创意都是帮助你破浪前行并再次茁壮成长的关键。

今天，我很高兴地说："太阳马戏又回来了！"我们最先在中国和墨西哥恢复驻场演出，随后是我们在拉斯韦加斯的标志性作品《神秘》（*Mystère*）和 *O*①，再然后是《迈克尔·杰克逊一号》（*Michael Jackson ONE*）、《披头士之爱》（*The Beatles LOVE*）和 *KÀ*。门票很快就售罄，观众涌入剧场，再次欣喜若狂地到现场观看我们的演出。随着我们继续在全球其他地方重新推出演出，我们在舞台上取得的惊人成绩告诉世人：一切皆有可能。

我很荣幸能够在过去的15年里担任太阳马戏的领导角色，并深深地为那些坚韧不拔的艺术家感到骄傲。希望本书里的经验教训会对你有所帮助，给你带来深刻的启发，在你的个人生活和职业生涯中形成巨大的创意源泉。②

---

① "O"，源于法语"水"（Eau）的发音。"O"还有一种含义是感叹词的"噢！"（也有人理解为是"OK"的省略）。"O"代表着水世界，百乐宫赌场酒店的水陆舞台有约568万升水，水深约达7.6米。——译者注

② 本书创作于2021年，英文原版于2022年1月出版，书中涉及的时间节点以创作时间为准。——编者注

BALANCING ACTS

目 录

BALANCING ACTS

引 言

将创意置于战略中心

创意属于每一个人，精心培训，它会将你的成就带到一个全新的高度。

BALANCING ACTS

当观众们在黑暗的剧场中安顿下来之后，扮演利物浦水手的杂技演员爬上悬挂在天花板上的绳索，剧场里响起了保罗·麦卡特尼（Paul McCartney）、约翰·列侬（John Lennon）和乔治·哈里森（George Harrison）[①] 华丽的无伴奏合唱和声。

此情此景发生在2006年6月30日，拉斯韦加斯的美高梅梦幻酒店，《披头士之爱》的首演之夜。那时正担任太阳马戏首席执行官的我，感到既紧张又兴奋。我无法像其他人一样心情轻松地观看演出，相反，我的思绪又飘回了促成这一神奇时刻的那一连串不可思议的事件上：我们与保罗·麦卡特尼、乔治·哈里森、林戈·斯塔尔（Ringo Starr）、奥利维娅·哈里森（Olivia Harrison）和小野洋子在伦敦一家酒店套房里的第一

① 三人均为披头士乐队的主要成员。披头士乐队于1960年在英国利物浦成立，由约翰·列侬、保罗·麦卡特尼、乔治·哈里森和林戈·斯塔尔四名成员组成，是非常有影响力的摇滚乐队。——译者注

次会面；在最终达成协议之前，与诸多团队无休止的谈判——披头士乐队的管理机构苹果军团公司（Apple Corps）、各家唱片公司、美高梅梦幻酒店的所有者美高梅国际度假酒店集团；邀请号称“披头士乐队第五位成员”的乔治·马丁（George Martin）和他的儿子贾尔斯·马丁（Giles Martin）创作配乐；陪同麦卡特尼到彩排现场，鼓励我们那些可敬的演员和工作人员。

环顾《披头士之爱》演出现场那些充满灵感的设计，我想起了另一个重要的转折点，它为创意所面对的最大挑战之一作了很好的注脚：如何消除伟大的构思和实际执行之间的鸿沟。

价值 9 000 万美元的宏大设计

两年前，作为总裁兼首席运营官，我做了一件颇为困难的工作，那就是说服美高梅梦幻酒店再投入 3 000 万美元来翻新剧场。我们的设计师让·拉巴斯（Jean Rabasse）和他的团队希望摆脱传统的舞台结构（观众面向舞台前方），而代之以分层座位的圆形剧场概念，从上面俯视舞台的观众会感觉自己处在一个大顶帐篷之中。这个设计还巧妙地让人想起披头士乐队 1969 年在伦敦举办的著名的屋顶音乐会。设计中计划在整个剧场内放置 6 300 个扬声器（包括每个座位前后放置的小型音响设备），这些装置将让马丁父子的混音听起来尽可能地宏大。

这个美丽的愿景面临一个大问题：美高梅国际度假酒店集团刚刚花费巨资，为我们在美高梅梦幻酒店新上演的盛大剧目 *KÀ* 建造了巨大的可移动舞台，已经没有心情继续耗费钱财。3 000 万美元的翻新费听起来好像很多，但这确实只是我们驻场演出所需的所有复杂索具和技术的最低预算要求。

看到设计团队与美高梅集团的预算限制之间正发生巨大冲突，我知道我必须采取行动了，而且越快越好。那时我刚加入太阳马戏没几年，但我已经逐渐明白金钱和创意之间共生关系的一个基本事实：它们都极度需要对方。

带着拟议的剧场设计效果图，我和太阳马戏的联合创始人吉勒斯·斯特－克鲁瓦（Gilles Ste - Croix）一起乘飞机前往拉斯韦加斯，直接去游说美高梅的子公司梦幻酒店的首席执行官博比·鲍德温（Bobby Baldwin）。鲍德温的日程表已经排满了，但我们的事也不能再拖了。于是斯特－克鲁瓦和我决定前去鲍德温最喜欢的那家餐馆，在他总是坐的那张桌子旁给他一个惊喜。我们走近餐桌，鲍德温叫道："你俩来这里干什么？我正吃午饭呢！"

"我们只需要你 5 分钟的时间。"我边说边拿出了效果图，简要说明了设计理念。"看这个，这难道不是一座很了不起的剧场吗？这不是很适合《披头士之爱》的演出吗？"鲍德温摇了摇头。"你知道预算，"他说，"拿出 3 000 万美元，我可做不到。"

"但这是一个辉煌宏大的设计！"斯特－克鲁瓦说，"它正是我们需要的、为伟大的演出所做的设计，只有这样才能吸引大量的客人前来！"不用他补充也知道，大量的客人意味着会在梦幻酒店消费重金住宿、购物、饮食等。这是我们与主办我们演出的酒店通常签订的协议：他们建造剧场，我们吸引客人。5 分钟很快就到了，但在离开之前我们把设计效果图留在了桌子上。

几天后，鲍德温与我们整个创意团队召开了一次视频会议。"丹尼尔，"

会议开始时，鲍德温说道："你觉得建造你所要求的剧场要花多少钱？"我耸耸肩："我对拉斯韦加斯的建筑成本一无所知……"他说："好吧，让我告诉你，你那该死的剧场要花 9 000 万美元！"

坐在会议桌旁的所有人都睁大眼睛，面面相觑。这个价格是原本预算的 3 倍！"是的，呃，确实很多。"我说，"你召集这次会议就是为了告诉我们这件事吗？"他厉声说道："不！我召集这次会议，是为了把你们这些创意人员都记录在案，你们的这部作品最好是够精彩——精彩到爆！"

房间里爆发出一阵笑声。在策划的早期阶段，没有人知道我们会创作出什么样的作品，也不知道它会取得多大的成功。但是鲍德温显然对我们有信心。他愿意将 6 000 万美元的赌注下在太阳马戏身上，相信我们会再次制作出一部可以在未来几年销售一空的剧目，就像为美高梅旗下的其他产业打造的《神秘》和 *O* 那样，将欢乐和奇迹带给大批粉丝，并让我们双方都大赚几百万美元。

然而，在这一刻之前，并非每个太阳马戏的成员都确信我是真正地理解了为什么我们的作品如此成功——我们建立了一种将创意看得高于一切的公司文化。作为一个新来者，我还有很多事情需要证明——我是那种会举起双手说"对不起，伙计们，美高梅公司没有这项预算"的高管，还是会为了他们而努力奋斗的高管？

现在他们有了答案。当会议在微笑和大笑中结束时，我能感觉到创意团队开始用不同的眼光看我。我们双方建立起了信任。他们目睹了一个事实：我毫不犹豫地利用太阳马戏的影响力，说服拉斯韦加斯的一位杰出高管额外掏出了 6 000 万美元，让他们可以制作自己梦想中的剧作。

这是一个多么美妙的梦想啊！回到梦幻酒店的演出现场，披头士乐队正在演唱专辑《阿比路》（*Abbey Road*）中的歌曲《因为》（*Because*）最后那段华丽的和声。水手们滑下绳索，《生命中的一天》（*A Day in the Life*）最后的和弦响起，紧接着是《一夜狂欢》（*A Hard Day's Night*）开场的和弦。接下来的时刻，斯塔尔在《结束》（*The End*）中的鼓独奏点燃了整场表演，舞台上同时迸发出各种光、声和色彩，穿着华丽服装的舞者尽情释放热情。我们可以听到粉丝的尖叫、吉他的哀鸣，紧接着从最先进的扬声器中爆发出麦卡特尼的声音："乔乔觉得自己是个孤独的人，但他知道这不会持续很久……"①

现在，观众们已经被深深地吸引住了。剧场的布局设计让大家如此接近演员们的表演，以至于感觉自己就像置身于演出之中，同时又是环绕在舞台四周的粉丝群体的一部分。这种沉浸式的体验是在传统剧场中不可能感受到的。观众们明白，自己获得了某种特别的东西。除了由于新冠疫情而中断 17 个月，《披头士之爱》已经持续演出了超过 15 年。

最终，剧场翻新费攀升至 1 亿美元。但可以肯定地说，梦幻酒店赚的钱不仅覆盖了这笔投资的成本，而且还有盈余。

富有创意会让人变得脆弱。除非觉得周围的人可以信任，否则人们不会愿意让自己的想法和情感自由表露，而这种表达方式，正是创新所需的，这是人类的天性。这也就是为什么在努力创新时，建立一个安全港如此重要。

---

① 出自披头士乐队的歌曲《回来》（*Get Back*），歌词原文为："Jojo was a man who thought he was a longer, but he knew it wouldn't last..."——译者注

为创意之花的盛开创造条件

在过去的 20 年里，我在太阳马戏的工作只有一件：为创意之花的盛开创造条件。我一直喜欢与各种各样的艺术家在一起，尽管我自己并不是一名艺术家。2001 年，当 40 多岁的我以一名高管的身份加入这个令人惊讶、激动又古里古怪的马戏团时，我只是一个传统而平凡的商人。正是在那个时候，我发现了自己的人生使命：为艺术家创造就业机会。对我来说，没有什么事比给一部新剧目开绿灯更令人高兴了，因为它可以给一位优秀的导演、一个创意团队，以及数十名演职人员同时提供工作机会。

在太阳马戏，我不仅学到了有关创意的知识，比如创意是什么、它是如何运作的，还感受到了它所拥有的不可思议的力量。当我第一次来到太阳马戏位于蒙特利尔的公司总部时，公司内部有一个共识：我们 7 个剧目的演出（2 个在拉斯韦加斯驻场演出，1 个在奥兰多驻场演出，其余 4 个为巡回演出）已经让市场饱和，唯一的增长方式是业务多元化发展，从主题度假酒店发展到进入夜总会。现在想起当时这个看法，我就忍不住会笑出声来。创意是如此深地根植于我们的 DNA 中，以至于我们的艺术家们总是抑制不住地怀有宏大梦想，推出一个又一个理念大胆的新剧作，比如著名导演罗伯特 · 勒帕吉（Robert LePage）在 *KÀ* 中使用的移动舞台，又如《披头士之爱》，再如基于詹姆斯 · 卡梅隆（James Cameron）的《阿凡达》创作的《阿凡达前传：托鲁克的首次翱翔》（*Toruk—The First Flight*），等等。我们每次都冒着越来越大的风险。我们没有满足于已经取得的成就，也没有因不断变化的趋势而过时，而是进入了一个非凡的扩张期。在接下来的 20 年里，我们的剧目数量增加到原来的 6 倍多，达到 44 个，年收入也翻了一番，从 5 亿美元增长到了 10 亿美元。

到 2020 年初，我们仅在拉斯韦加斯就有 7 部驻场演出作品，在奥兰多、中国杭州、德国汉堡和墨西哥坎昆各有 1 部驻场作品，此外还有 13 部覆盖全球广大区域的巡演作品。总体来看，我们的巡回演出已经到过 60 个国家和地区的 450 座城市，范围涵盖整个欧洲、南美洲大部分地区，以及日本、韩国、沙特阿拉伯、阿拉伯联合酋长国、以色列和新西兰。自我们公司成立以来，已有超过 2 亿人次的观众观看了太阳马戏的表演；2019 年购票观众达到 1 500 万人次，超过了百老汇 39 部演出作品的总和。我们的员工增加了两倍多，达到 5 000 人（他们分别来自 49 个国家）；营业利润率达到 20%（EBITDA，息税折旧摊销前利润）；此外，我们在中国、印度和非洲国家这些尚未完全开发的市场上仍有无限的潜力。

之所以能做到这种规模的增长，是因为我们从不满足于现状。多年来，我们的作品已经发展成为一种完全原创的艺术形式，其中包含了马戏、戏剧、喜剧、舞蹈、行为艺术、现场音乐会和高科技舞台艺术等元素，可以融入任何语言或文化之中。再加上我们知道如何组织复杂的大型环球巡演，使得别人无法复制我们的模式，从而保护了我们的市场份额。我们的客户忠诚度指数（净推荐值）与苹果公司的一样高，我们一直是市场上最独特的品牌之一。通过收购蓝人乐团（The Blue Man Group）、VStar［拥有《汪汪队立大功》（*PAW Patrol*）和《魔发精灵》（*Trolls*）等儿童舞台剧］和 The Works（主打幻术魔术秀）这样的小型娱乐公司，完成进一步扩张之后，我们的目标更大了：我们要成为世界上规模最大、作品最好的现场娱乐公司。

大家都知道接下来发生了什么。当 2020 年 3 月新冠病毒在全球范围内暴发时，人们的生活发生了翻天覆地的变化。我们不得不立即关闭全球 44 部作品的所有现场演出，收入下降到零。在那个迄今为止我职业生涯中最痛苦的时刻，我别无选择地解雇了 95% 的员工。

仅仅是想象一下这些员工所不得不承受的冲击和财务压力就令人心碎。但另一方面，随着疫情的持续，这种糟糕局面也给我提供了动力——拯救公司并重新雇用这些艺术家的强烈动力。随着疫情的蔓延，市场上不乏预测我们公司行将灭亡的评论家；但是任何看过太阳马戏表演的人都知道，我们惯于做别人认为不可能做到的事情。果然，我们又大笑着回来了。

这个惊人的故事始末我将在后文详细讲述。现在，读者诸君只要注意到一点就够了：从一次全球性的危机中拯救我们的，正是在 20 世纪 80 年代中期催生了太阳马戏的那股力量——那种热情、不懈的创意的动力。

快人一步寻找新事物

我四处旅行的时候，经常受邀发表演讲，解释太阳马戏是如何在成立近 40 年后仍能如此大胆地进行创作，同时也能在商业上获得如此巨大的成功。毕竟，这两种特质通常被认为是相互排斥的。我的答案来自一句箴言，任何渴望在充满活力、快速变化的全球经济中茁壮成长的人都应该将其牢记在心：**没有创意，就没有生意。**

我认为这句话说得很对，而且并不仅限于娱乐业。几年前，太阳马戏与广告经理人让 - 弗朗索瓦 · 布查德（Jean-François Bouchard）联合组织了一个名为“C2 蒙特利尔”（C2Montréal，简称 C2M）的研讨会，专门讨论创意和商业之间的关系。这个研讨会每年都会吸引上千名来自世界各地的参与者。在听完来自各行各业各类公司的企业家、高管和员工讲述他们接受过的挑战和取得的成功后，我愈加坚信我们已经到了一个关键的转折点：今天，经过先进技术几十年的发展和社交媒体的指数级增长，打造充满创意的工作场所已不再是一个选项，而是绝对必要之事。

在 C2M 的一次小组讨论会中，一位年轻律师问我，为什么她的公司也应该担心创意问题。我经常遇到这种问题，提问的人通常认为他们的行业太传统而不能把创新放在首位。“想想你的工作的变化有多剧烈就行了。”我对她说。随后我列举了许多重新定义了整个知识产权概念的内容分发方式，以及社交媒体如何改变了仅仅在几年前才制定的法律，这些法律制定时人们的主要沟通方式还是纸张和固定电话。在她的工作中，没有什么事比预见和适应这些巨变更重要，但她所面临的挑战比这更大。

她和她所在的公司必须认识到，渐进式的发展是不够的。他们必须自下而上地彻底重构他们的业务，拓展可能性的边界。**不管在哪个行业，能做到这一点的人就可能在未来的经济环境中成为赢家，做不到的则很快会被淘汰。**

我经常使用“创意”这个词，所以也许我应该解释一下这个术语的意思。我最喜欢的关于“创意”的定义来自《不列颠百科全书》：“创造或以其他方式带来新事物的能力，无论是解决问题的新方案、新方法或设备，还是新的艺术对象或形式。”

我喜欢这个定义，因为它言简意赅且覆盖面广，让任何公司或个人都能明白为什么创意应该是其职责的核心部分。有什么比找到新方法帮助你的顾客或客户更重要呢?

当然，每个公司或个人确定创新优先顺序的具体方法会有很大的不同，但这里有一个切入点可供参考：我经常问娱乐行业之外的那些高管，他们的资源（从预算，到员工工作时间，再到最高管理层的注意力等）有多少是专门用于提出新的想法或解决方案，以应对公司面临的挑战的。通常我得到的回答是“不多”，这一点我很能理解，在加入太阳马戏之前我也会这么回答。现在，带着一个彻底改变了想法的人的热情，我可以用自己的经验证明：当一家公司将大量的注意力和资源投入到创意上（即坚持进入很少有人敢涉足的领域）时，它将取得令人震惊的发展。

每当有人问我是什么让我晚上睡不着觉时，我通常会这样回答：“想象有别的公司站到了我们行业的顶端。”这意味着太阳马戏失去了它的领导地位。为了防止这种情况的出现（并帮助我睡个好觉），我们决定严肃对待研发工作。我们雇用了 3 名全职员工，他们只专注于在世界范围内寻找所有文化领域，包括音乐、时尚、建筑、戏剧、电影、游戏等在内的新想法和人才，其他的什么事都不做。与此同时，我们的研究部门 C-Lab 则在科学、技术和生物学等领域寻找可以实际应用的各种创新。当你观看一场太阳马戏的表演时，如果看到一些你从未见过甚至从未听说过的壮观场景，那很有可能就来自上述工作。

建立创新文化的一个重要方面是能够对遇到的各种变化当场做出快速反应。当今世界发展如此之快，以至于你必须能够像爵士乐手一样即兴发挥。在我们这样的现场娱乐公司里，随时随地都可能出现问题。演职人员生病或受伤、后台技术出现故障、创意团队认为剧作需要新的方向、天气原因中断了在世界各地的巡回演出、自然灾害、突发公共卫生事件或贸易战，等等，都会打断我们的扩张计划。

我们不是唯一需要这么做的。如今，每家公司的运营都必须带着紧迫感。在此你可以问一下自己：当出现问题时，比如公司的电脑系统被黑客入侵、供应商破产、竞争对手出人意料地推出了新产品或经济衰退等，我们公司那根深蒂固的官僚体制允许我迅速而冷静地做出反应吗？随着世界变得更加互联，技术加快了变化的步伐，在这种情况下，敏捷性变得至关重要。如果你还在忙着填表和研究下一步行动，快你一步抓住机会的竞争对手很可能就会击败你了。

这是一个属于艺术家的时代

当我阐述这些观点时，人们通常的反应是："嗯，对于像太阳马戏这样成功的公司来说，将创意放在首位很容易。但像我们这些其他的公司怎么承受得起呢？"我会把这个逻辑反过来：正是因为把创意放在了首位，才使得太阳马戏从一个小班子成长为一个全球性的大集团。没错，我们的老板有耐心、愿意给我们投资，这给了我们巨大的资源去进行冒险。但是，像其他任何业务一样，我们也要考虑预算和最后期限的问题，更不用说为了将我们的演出移植到世界各地而要面对的令人难以置信的后勤挑战了（用于大篷巡回演出的设备可以装满多达 70 辆卡车）。如果没有极端的务实和底线思维，我们永远不可能达到现在的成就水平。这就形成了一个良性循环：创意让我们盈利，而这些利润又让我们具有创意。

这种情况在今天比在以往任何时候都更加明显。在 68 岁的年纪，我可以回顾过去，看看自从 20 世纪 70 年代我开始创业以来到如今，商业格局发生了多么巨大的变化。想想仅凭技术革命这一项给我们带来了什么就知道了：只需点击一下鼠标我们就可以获取世界上的各种知识、核心业务功能越来越多地由机器人完成……在这种情况下，只掌握特定的专业知识或技能远远不够。今天，工人们必须具备机器所不具备的那些特质，而这些特质恰恰是艺术家花费毕生精力去培养的——想象力、自发性、非线性思维、开放性、纪律性、同理心、同情心，等等。

这种转变如此明显，让我坚信我们正处于一个全新时代的边缘。就将其称为“艺术家的时代”吧。我们身边到处都是证据。麦肯锡全球研究院称，**最难自动化的是那些依赖软技能的工作，如人员管理和软件开发，决策、规划和创意工作，以及与客户和供应商的互动等。**

另一项由哈佛大学进行的研究发现，在过去 30 年中，几乎所有的就业增长都出现在这样的社会技能密集型领域。企业家和个体经营者也受到了影响。随着消费者涌向利基产品[①]、互联网降低了创业门槛、工匠经济蓬勃发展，任何有创意的人都能够开创可持续的职业生涯。

具有讽刺意味的是，像艺术家一样工作和思考曾经被视为通往贫困的道路，现在却正在变成一种走向成功的有力方法，它也是管理千禧一代的明智方式——他们越来越要求在工作中树立强烈的目标感。

如今，年轻员工和上级管理者之间经常出现脱节，管理者很难激发那些期望从工作中获得更多价值感的员工的干劲。对此，从创意的角度思考会有所帮助。尽管太阳马戏很幸运，拥有对工作充满热情的世界级演员，但与其他公司一样，我们也面临着员工参与度低这一问题的挑战。我们发现，我们的员工离舞台越远，就越难被激励。我们对此的解决方案是，让

① 与大热门产品相对应的普通产品，该类产品表现出来的许多独特利益有别于其他产品，同时也能得到消费者的认同。——译者注

公司的每个人都感觉自己是那激动人心的演出的一部分，无论他们是在金融、信息技术还是人力资源部门工作。任何公司的管理者都可以做到这一点：**让所有员工都觉得自己是公司使命中最精彩、最迷人或对社会最有益的部分的重要组成分子。**

对我来说，在 C2M 研讨会和其他活动上做演讲，最好的事就是收到面对以上问题的听众们的反馈。他们会发邮件说："我能见你一面，征求一些建议吗？"我会尽可能地答应他们的要求，因为我喜欢帮助别人的那种感觉。我想我们都有过这样的经历：在听人演讲的时候突然意识到，"嘿！这个问题已经困扰我几个星期了，而这个人刚刚帮我敲定了解决方案。"

这就是我写这本书的目的所在。我想用我在太阳马戏的经历，帮助人们培养在组织中的创意，从而提高他们的盈利能力。多年来，我看到了许多渴望在这方面获得指导的人，包括公司高管和经理、企业家、专业人士、学生、我们的粉丝，以及其他来自各行各业怀有创意抱负的人。我确信，人类的创意是一种巨大的、尚未被开发的资源，大多数公司都没有充分利用它。

从电影、传媒或建筑设计等所谓的创意领域，到工程、医疗、制造和金融等较为传统的行业，无论你身处哪个行业，我都希望这本书能引起强烈的共鸣。

对于不认为自己或自己的工作特别有艺术性的人，我有一个秘密要告诉你：创意属于每一个人。如果精心培育，它会将你的成就带到一个全新的高度。

为了尽可能地发挥更大作用，本书的每一章都将给出一些实用的建议，并辅以太阳马戏经历过的挑战、成功和失败等真实的事例。在大多数情况下，本书章节按时间顺序进行排列，以便让读者认识到我所讲述的那些原则是如何帮助我们公司从一个街头小剧团转变为一个全球现象级的存在。全书是从我的视角来进行讲述的，作为一个传统的商人，我逐渐理解了太阳马戏独特的文化并在其中找到了自己的位置。

在讲述的过程中，我会“拉开幕布”，给读者一个难得的机会从内部窥探太阳马戏那些标志性的剧作是如何创作出来的。我将讨论我们如何处理危机（包括处理不当的时候），比如 2008 年的金融风暴、歌舞杂耍剧《极速香蕉》（*Banana Shpeel*）的失败、在日本演出时遭遇的海啸等。虽然我们的业务与你的不同，你的同事可能不会经常穿着华丽的服装在空中飞来飞去，但我想你会发现，我们面临的许多问题与你遇到的没有太大的不同。

最重要的是，我希望本书能成为你在工作和生活中应对挑战的灵感指南。愿创意之光成为你生活中的北极星。

现在，开始表演吧！

BALANCING ACTS

第1章

任何时候做出一个有创意的决定都不晚

不要说没有时间去创新，尤
其是在遇到危机的时候。

BALANCING
ACTS

我的生活以及整个职业生涯，在 2000 年 11 月的一个早上发生了彻底的改变。这一切都要从我接到的一通电话说起。

“丹尼尔，你好吗？”打来电话的是太阳马戏的创始人盖伊·拉利伯特（Guy Laliberté）。“非常好。”我回答道。实际情况确实如此，在过去的 4 年里，我一直在加拿大最大的一家电视广播公司担任首席执行官，我非常享受这份工作。“不、不，你可以做得更好！”盖伊几乎是在冲着电话吼。他大声地告诉我说，刚收购了我所在公司的那家大企业会让我的生活变得糟糕透顶，最后他对我说道：“你必须马上离开那里！”

“哇！”我惊讶。真是典型的“盖伊”（我们魁北克人读这个名字与“酥油”的发音一样）：冲动、有趣、戏剧化，而且在此刻很令人困惑。“你这话是什么意思？”我问。

“昨晚我突然灵光一现，”他说，“感觉你应该加入太阳马戏了！”我大笑起来，不知道该怎么回答他。“听着，我只是想知道，”他继续说道，“你是不是至少愿意开诚布公地讨论一下这件事？”

我有一千个理由来拒绝他。首先，我与盖伊不过是点头之交。当初，我所在的电视网络公司 TVA 集团购买太阳马戏的表演转播权时，我们曾打过几次交道。另外就是几年前，我的公关公司与他有过一次短暂的合作。像大多数魁北克人一样，我只知道盖伊是一个古怪的音乐人，会表演喷火，20 世纪 80 年代中期在蒙特利尔与一群底层街头艺人一起创立了太阳马戏。我对他的了解就这么多。

其次，他选择的时机很糟糕。当时我 47 岁，正处于媒体行业的事业黄金期，收入很高，拥有很多股票期权；我刚刚在蒙特利尔郊外的湖边买了一栋漂亮的房子。我为什么要冒着失去这一切的风险跳槽？然而，冥冥之中有个声音告诉我应该去见见盖伊，听听他说些什么。

三周后，我加入了太阳马戏。

我不是一个天生喜欢冒险的人。我在魁北克的工业小镇格朗梅尔（Grand-Mère）长大，从小家境贫寒，这让我下定决心，永远不要再像父母那样为钱发愁。因此，在从渥太华大学毕业、成家立业并有了两个孩子后，我放弃了成为报社记者的计划，开始从事一些更安全、更赚钱的行当，我先后在公关和广告行业工作，后来又进入了电视广播领域。自从大学时代在剧团表演以来，我一直喜欢与艺术家们打交道。但在职业生涯中，我从未想过成为一名成功、传统的商人以外的人。

然后，盖伊出现了。他邀请我担任太阳马戏的“新投资部”的总裁，并为我最终接替他成为首席执行官铺平了道路。当我考虑他的提议时，我身边的每个人都说我是脑子出了问题才会考虑这件事。当时太阳马戏的规模还小，仍在努力地试图打开市场，一旦搞砸一两场演出就可能关门大吉。

但我惊讶地发现，在我的内心深处，一种潜伏已久的对冒险的渴望正在蠢蠢欲动。我一直很好奇这家马戏团是如何创造出各种令人目瞪口呆的演出的，尤其是拉斯韦加斯的热门节目 *O*，它把百乐宫赌场酒店的舞台变成了一个巨大的水箱。他们究竟是如何将那些疯狂的想法变成一项有利可图、不断扩张的业务的？我能感觉到，我的抉择除了会让我损失大量股票期权，还将迫使我走出目前的舒适区，进入一个全新的充满各种可能性的世界。这种前景让我既兴奋又害怕。我一直拿不定主意，尽可能地拖延着不给盖伊答复，直到最后一句连我自己都感到震惊的话脱口而出："好吧、好吧！我们一起干吧！"

太阳马戏的所有作品都在其位于蒙特利尔的公司总部进行构思和排练。几周后，当我走进这里时，我完全不知道自己来做什么。没有人知道，因为没有任何背景资料可以让你提前了解这个嘉年华乐园。在这里，杂技演员在洞穴般的工作室里飞来飞去，熙熙攘攘的工作间里塞满了穿着奇装异服的人体模型。我意识到，我所能做的就是抱着乐观的态度去探索这个奇特的地方，并努力融入其中。

我一进门就立即受到了冲击。当我来到宣布任命我为新部门总裁兼首席运营官的新闻发布会现场时，当时在市场部工作的亚丝明·哈利勒（Yasmine Khalil）看了一眼我的西装和领带，立刻说："不、不、不，你不能穿成这样上场！太阳马戏没人打领带！"

盖伊不在现场，他将在伦敦通过视频出席发布会，对我来说，这是件好事——每当有人像我这样西装革履、打着领带出现在总部时，他就会抓起一把剪刀，兴高采烈地把领带剪下来，他一直说计划用收集起来的数百块领带碎片做一个夏威夷花环。

找到你热情的核心

这是我从太阳马戏与众不同的商业管理方法中学到的第一课：开心最重要。没有对生活的积极态度，这家公司就不可能创造出舞台上的奇迹。

后来盖伊担心我还是太过严肃，便安排了一名专属的私人小丑给我。她叫扎祖夫人，她的任务是跟着我，负责逗我和其他员工开心。她会不请自来地打断我们的会议，并说："听这些无聊的家伙讲话，你们不觉得厌烦吗？快点，站起来！"然后她会带领大家上一堂快乐健身课，同时唱着自己胡编的、与我们正在制作的剧目有关的愚蠢歌曲。等她离开的时候，大家都感到身心放松、团结一致、充满灵感。

每当我向来自商界的听众讲述这个故事时，我都强调它应该被严格地视为一个隐喻。很显然，你们不会雇用私人小丑，因为你们不是干马戏团工作的。重点应该是你们要问问自己："对我的公司来说，怎样做能有相同的效果？"扎祖夫人教会我一个道理，那就是：**每家公司都可以利用一些创造性的方法，来提醒员工自己的使命。找到公司热情的核心，是发现那些鼓舞人心的符号和仪式的关键性的第一步。**

我们说回新闻发布会。哈利勒没有像盖伊那样把我的衣服毁掉，但她的做法也很直接：扯下我的领带，脱下我的西装，然后扔给我一件太阳马戏的夹克。我在 TVA 公司的老上司安德烈·查农（André Chagnon）在电视上看到这场发布会时，他差点没认出我来。“下一步你会干什么，丹尼尔？”他说，“你要开始戴耳环了吗？也许还会扎个马尾辫？”

当然，查农是在开玩笑，不过我明白他的言外之意。也许接受这份工作是个大错误。在入职的第一年，我努力尝试融入其中，但还是经常以失败告终。我被聘用是因为我的工作经验，但是经验也一直阻碍着我。我有好几次都想溜之大吉，但后来还是坚持了下来，并得到了盖伊的大力支持，最终找到了自己的定位。在 6 年后的 2006 年，我晋升为首席执行官。这一路走来，我不得不改变自己的思维和说话方式，甚至着装风格——转变之彻底，就像那些为表演我们的作品而化装、换上演出服的演员一样。我没有戴耳环或留马尾辫，但确实开始在上班的时候穿着牛仔裤、靴子、休闲衬衫，戴上蓝色镜片的眼镜，有时还会系上一条五颜六色的领巾。我惊讶地发现，哪怕只是在很小程度上适应太阳马戏的艺术文化，也让我更加放松，工作更有效率。

回望过去，我在公司的名声发生了很大的变化，这非常有意思。在很长一段时间里，我都被认为是一个乏味的商人，而盖伊则是一位才华横溢的艺术家。这有点夸张了，实际上，盖伊拥有精明的商业头脑，而我一直对艺术充满热情。然而这种印象一直存在。因此，在 2015 年，当盖伊决定以 15 亿美元的价格出售他持有的多数股权时，员工们都非常紧张，担心他无法阻止我们的新老板、私募股权公司德太资本（TPG Capital）破坏令太阳马戏如此独特的深厚的艺术文化底蕴。

幸运的是，他们担心的事并没有发生。因为从第一天起，我就告诉德太资本的高管：“如果你们愿意，可以一天来我办公室 10 次，我会提供你们想要的所有财务和运营信息。但你们绝对不能去创意部，他们必须独立，才能发挥他们的魔力。”

划好界线，让大家心中的石头都落了地。每当演出结束，回到后台的演员们都会冲上来给我一个大大的拥抱。那一刻，我知道我已经真正转变成了一名有创意的高管。

创意是一项团队运动

现在回想起来，我很惊讶自己竟然经营起了马戏团。毕竟，太阳马戏的全球舞台与我的家乡格朗梅尔风马牛不相及。然而，我吃惊地发现，小城镇的价值观对于培养创意和取得成功非常重要，不仅在太阳马戏是这样，在更广阔的商业世界里也是如此。

小时候，我和我的 4 个兄弟姐妹从来不觉得家里穷。但实际上我们家真的很穷。我 6 岁的时候，有一次带着弟弟去理发店，我对理发师说，只要把头发剪掉一点点就行了，因为我们只有 50 美分。听了我的话，店里的人们都大笑起来，理发师把我俩带到理发椅上，把我们的全部头发都给理好了。

这是我早年学到的有关慷慨和忠诚的一课，我永远不会忘记它。今天，许多人把资本主义与自私、贪婪联系在一起（这是可以理解的），但当我思考多年来哪些技能对我帮助最大时，总会想起在性格形成期我家所在的蓝领社区里的人们，大家总是互相照顾，在困难时期毫不犹豫地为他人伸出援手。

我们全家都真心地喜欢这种生活方式。后来，父亲因消化系统问题在医院住院治疗了一年，我们家的经济状况也变得更糟了。他因为身体太弱，无法回到当地的纺织厂工作，于是决定彻底改变自己的生活方式。他找了一份在办公室的工作来养家，后来又回到学校学习，然后在一家银行找了份工作。他一步步地从银行经理升任当地商会的主席，最后成为我们镇上一位受人尊敬的领导人。

父亲一步步向上攀升的经历真的是鼓舞人心。我一直在想，既然他能走得如此之远，那或许我也能为自己的生活做点什么！更令人敬佩的是，他从未放弃帮助那些遭遇不幸的人。即使在为开拓新领域而努力奋战时，他也会抽出时间和精力，为一个面向贫困儿童的、名为“心之湖”（Lake of Heart）的夏令营筹集资金。他是真心地想帮助那些孩子，从未想过他与那些有钱有势的捐赠者所建立的联系会对自己的事业有所帮助，不过那些人确实帮助了他。如今，我也很高兴为同一家慈善机构筹集资金，该机构还以我父亲的名字命名了一座新建筑。

虽然父亲一直是我灵感的来源，但直到加入太阳马戏后，我才明白该如何将他教给我的关于社区的知识应用到创作之中。忘掉那些孤独的天才通过自己的宏伟愿景改变世界的神话吧，创意是一项团队运动。看看保罗·麦卡特尼和约翰·列侬，他们只有在一起才能创作出美妙的音乐。或者看看史蒂夫·乔布斯和史蒂夫·沃兹尼亚克（Steve Wozniak），他俩无论谁单打独斗都不可能创建苹果公司。

如果你仔细观察，就会发现任何创意团队获得长期成功的关键都在于对待彼此极为忠诚。这是真正把所有东西凝聚在一起的黏合剂。

在忠诚的基础上建立关系

多年后，我在与盖伊·拉利伯特的第一次互动中，深刻体会到了忠诚的力量。那是在 1986 年，当时我是蒙特利尔的国家公共关系公司（National Public Relations）的高级合伙人。有一天，盖伊出现在了我们公司的门口，他想找人帮他将刚成立两年的、激动人心的新马戏团带入下一个辉煌。

虽然以前我从未见过盖伊，但我对太阳马戏却很了解。自从 1984 年它在纪念法国探险家雅克·卡地亚（Jacques Cartier）航至加拿大 450 周年的庆祝活动中横空出世之后，每一个魁北克人都熟悉它。最初的那段时间，太阳马戏还没有实现盈利，在财务上举步维艰。盖伊希望我的公司能帮助他吸引商界的赞助商和捐赠者，并游说政府为艺术事业提供更多资金。这项工作用时很短，只持续了一两个月。工作结束后，我给盖伊列了一张 25 000 美元的账单。

我没有意识到的是，在这段短暂的时间里，太阳马戏的财务每况愈下。后来，我发现它已经濒临破产。拿到账单后，盖伊来到我的办公室，对我说他非常抱歉，公司根本没有足够的钱支付它。

在那一刻，我本可以冲他大吼一通，要求他立即付款，并威胁要起诉他。不过我没有这样做。作为一名魁北克人，我为太阳马戏所取得的成就感到骄傲，我愿意尽我所能地支持我们当地的艺术家。因此，我把账单撕碎，扔进了废纸篓。“盖伊，你正在做的事情太棒了。”我对他说，“祝你好运！”

直到 10 年后，我才认识到那一刻所产生的力量有多么巨大。到 20 世纪 90 年代末，太阳马戏已经成为一个蓬勃发展的国际品牌，而我则进入了 TVA 集团的电视广播部，这家公司可是加拿大媒体界的巨头。在担任首席执行官期间，我开始对获得太阳马戏演出的转播权产生兴趣。当我打电话给盖伊时，他说他已经与一家国际电视分销商达成了协议。“我知道了。”我说。友好地寒暄了几句之后，我们便挂断了电话。

我们俩谁都没有提到那张被撕掉的账单，但就在第二天，盖伊把他写给营销副总裁的一张便条抄送给了我。“这个人几年前帮助过我，”他在便条中写道，“他想要我们的电视转播权，所以你能做什么就做点什么吧。”

盖伊还记得以前那件事，对此我既惊讶又感激。最终，他从那家分销商那里拿回了版权，并与我们签订了协议。在我们一起工作的 3 年里，我们对彼此有了更多的了解。最终的回报是，有一天他突然打电话给我，让我到太阳马戏工作，而这件事改变了我的生活。

每当我讲起这个故事时，人们常会说我是个大好人，免除了盖伊的债务。但我并不这么认为，别误会我的意思。善良对我来说是一种重要的品质，对任何领导者来说都应该如此。但在格朗梅尔的成长环境中，对社区的一员表示忠诚只是我的第二天性（在上面的例子中，“社区的一员”乃是指一位贡献了那么精彩的演出的先锋艺术家）。

对我来说，忠诚是“考虑长远”的另一种说法。起诉盖伊的短期策略会使我在时间和资源方面都耗费大量的能量，这对我们双方来说都可能是一场失败的战斗。另外，忠诚意味着考虑未来，考虑可能发展的充满前景的人际关系。当然，我做梦也没想到免除那笔债务会产生如此强有力的回报。当初，我只是希望像盖伊这样的后起之秀会因此事对我产生好感而已。

当然，这种做法也是有界限的。如果账单的数额是数百万美元，如果我觉得我的公司是被不公正地对待或盘剥，我会尽所能来保护公司的利益。我当然并不幼稚。但如果短期损失很小，而且双方都忠诚相待，我就会尽可能地去避免冲突和诉讼。有人会说这是软弱的表现，但我却认为这是一种聪明之举。

这一直是我的处世哲学，但我也很高兴能了解到有相关研究支持我的做法。商业心理学专家、宾夕法尼亚大学沃顿商学院的教授亚当·格兰特（Adam Grant）在其著作中提供了大量证据，证明被他称为“给予者”的人往往比“索取者”更成功。**他的研究揭示，那些能够避免成为弱者或受气包的给予者最终会发现，他们的善行必定会对自身有所回报。**我的经历就是如此。不妨将其看成是一种因果、一种公司管理的风格吧。

我发现格兰特的结论很有趣：给予者不一定是利他主义者，因为他们知道，慷慨和忠诚等品质可能会使自己在日后受益。这种人的显著特征是，他们寻求不以牺牲他人为代价的利益，并随时准备为自己的成功付出代价，即使这样做似乎不会立刻获益。这就产生了格兰特所说的“涟漪效应”，它“增加了周围人成功的机会”。

相反地，索取者则试图从每段关系中都获得比他们付出的更多的东西，并希望每个回合都赢，而不理会这样做会对他人产生什么样的影响。这条通往成功的道路往往会滋生嫉妒和怨恨，因为人们会想方设法地让这种人走下坡路。当然，所有的行为都会有所收获，但从长远来看，给予者的方法最终会更有成效。风险投资家兰迪·科米萨（Randy Komisar）曾说过："如果每个人都希望你赢，那你就更容易赢。"

回想起来，我可以看到自己撕毁账单的那个简单动作是如何获得了盖伊的回报的。盖伊是一个非常忠诚的人，但当时的我并不知道这一点。加入太阳马戏后，我花了几年时间才充分了解了盖伊和他的价值观，以及剧团早期的故事。这有助于我更好地理解根植于其 DNA 中的文化和原则，让我知道其信仰与我的信仰是多么惊人地相似，也让我明白了自己为何会本能地从传统的职业生涯走入马戏团的圈子。

重塑你的行业

我对太阳马戏的探索在学术界引发了一系列详细的案例研究，学者们试图找出太阳马戏成功的原因。例如，2004 年，在畅销书《蓝海战略》（*Blue Ocean Strategy*）中，商学院教授 W. 钱·金（W. Chan Kim）和勒妮·莫博涅（Renée Mauborgne）将太阳马戏誉为创造和主导新市场的典范。

当该书出版时，盖伊和太阳马戏的每个成员都为自己被视为创新者而自豪，因为他们的行为可以激励其他公司去发现属于自己的"蓝海"市场[①]。想想也很有趣：众多知名教授从他们的象牙塔上爬下来，花很长的时间来学习盖伊和那群形形色色的高跷演员、喷火者、小丑扮演者在街头学到的技巧，而那些技巧或许不过是边演边编的成果。

---

① 即蕴含庞大需求、能带动企业增长的新市场空间，与过度拥挤、被竞争的"鲜血"染红的"红海"一词相对应。

本质上，太阳马戏的创始人们是一群想要重塑世界的嬉皮士，而该公司的成功在很大程度上源于这种基本的冲动。

这并非一种商业策略，他们只是想玩得开心、想环游世界、想挑战传统的观念。每一位新手创业者都应该牢记这种热情的重要性。考虑到各种巨大的障碍，如果不是全心全意地去改变现有的秩序，成功创办一家新企业几乎毫无可能。

太阳马戏的大部分精神可以追溯到20世纪60年代的文化剧变，其中包括充满活力的街头表演。该公司早期的两位影响者——吉勒斯·斯特-克鲁瓦和盖伊·卡伦（Guy Caron）是活跃在魁北克繁荣的社区和合作社中的艺术家。到了70年代中期，卡伦开始在蒙特利尔的一家咖啡馆进行演出，并将一个名叫盖伊·拉利伯特的少年音乐家收到自己门下。

盖伊·拉利伯特是一个早熟的小伙子，他作为制片人的天赋在高中时就显露无遗。他曾独自一人从零开始组织了一次去美国路易斯安那州法国移民区的学校旅行，从筹集资金、获得父母和学校的许可，到安排行程。他也喜欢表演，还跟着一个在魁北克音乐节巡回演出的民间团体登台演唱、演奏手风琴。高中毕业后，他去了欧洲，睡在公园的长椅上，与杂技演员、哑剧演员，以及其他街头艺人为伍，从他们那里学会了踩高跷和喷火等技巧。

20岁时，盖伊遇到了在魁北克市附近经营青年旅社的吉勒斯·斯特-克鲁瓦。斯特-克鲁瓦同意给这个年轻人食宿，作为交换，盖伊则在旅社表演娱乐节目。这位年长的艺术家后来成了太阳马戏的顶级制作人之一，对盖伊产生了巨大的影响。“他是太阳马戏的爸爸，”斯特-克鲁瓦喜欢这样说，“而我是它的爷爷。”

太阳马戏的前身是斯特－克鲁瓦创立的一个剧团，名叫“圣保罗湾高跷队”（The Stilt-Walkers of Baie-Saint-Paul）。1982 年夏天，该剧团策划了一个为期一周的节日活动，由盖伊担任总经理。这次活动亏损了 1 万美元，不过在接下来的两个夏天里他们又将钱赚了回来，并且还有一些盈余。通过这几次活动，盖伊展示了自己平衡创意和生意的技能，并开始考虑创办自己的公司。他解释说：“如果我们把所有这些都装在一个大篷车里，带着它去巡演，我们的马戏团就成了。”但给它起个什么名字呢？有一次，盖伊去夏威夷旅行，在海滩上看落日（在法语中，太阳叫 soleil）时，他突然想到了“Cirque du Soleil”这个名字。“太阳代表活力和青春，”他说，“我认为马戏团的主题就该如此。”

通过参加节日活动，盖伊结识了雅克・雷诺德（Jacques Renaud）。雷诺德是魁北克省为纪念雅克・卡地亚历史性的加拿大之旅而举办的盛大庆祝活动的节目总监。盖伊从中看到了机会，他和小号手兼艺术营销员罗伯特・拉格（Robert Lagueux）合作，设计了一份“太阳马戏大巡演”的巡回演出方案。盖伊高中时的老熟人丹尼尔・高蒂尔（Daniel Gauthier）也加入进来，负责管理和财务。最终，这个团队获得了 160 万美元的政府资助，在 1984 年夏天的 13 个星期内巡回了 11 个城镇。

毫不夸张地说，太阳马戏的首次亮相标志着一场马戏艺术革命的开始。在此之前，大多数魁北克人唯一见过的马戏团就是从美国出发进行巡回表演的传统马戏团巴纳姆与贝利马戏团（Barnum & Bailey）。从创意的角度来看，马戏行业已经又老旧又疲惫，是上一个时代的遗物。盖伊和他的合作者希望加拿大组建自己的国家马戏团，演出的内容要有高度戏剧化的、以角色为导向的叙事，以及原创音乐和华丽的服装，而且不用动物表演，以免分散观众对人物故事的注意力。我记得年轻时曾看过一些早期的此类演出，深为它们与以往作品的不同之处所震撼。

在又一次获得政府一年的资助后，盖伊聘请他的老朋友盖伊 · 卡伦担任艺术总监，卡伦后来在蒙特利尔创建了国家马戏学校（National Circus School）。他们又邀请了具有远见卓识的弗朗哥 · 德拉根（Franco Dragone）加入团队。德拉根对公司的发展产生了巨大的影响，他是卡伦的马戏学校里的一名老师，专门研究表演和即兴喜剧，在 20 世纪 90 年代那段辉煌的时期里，太阳马戏的所有演出都是由他执导的。

“对我来说，太阳马戏最大的秘密就在于我们像拍电影一样制作演出剧目。”卡伦说道，“我们认为，应该像拍摄电影一样为演出进行编辑和配乐。如果去掉音乐，那就不是太阳马戏的演出了。太阳马戏就像一间电影院，你把所有元素编辑在一起，创造出一出戏剧，让人们完全沉浸其中，就像你为电影银幕所做的一样。观众如同身临其境，忘记了周围的一切。”

尽管太阳马戏这一独特的品牌在不断发展，但它却很难让其作品在魁北克省以外的地区引起共鸣。对于任何尝试新事物的公司来说，这都是一个常见的挑战：刚开始的时候，人们可能搞不清楚你到底在做什么。之后，太阳马戏冒险去渥太华、多伦多和尼亚加拉瀑布城等地演出，然而观众却越来越少。到 1985 年底，太阳马戏的负债高达 75 万美元。我经常在想，如果那个时候我知道他们有多少赤字的话，还会不会把他们纳入加拿大国家公共电台（NPR）的客户名单。

但是盖伊和他的团队坚持了下来。在政府的资助下，太阳马戏蹒跚前进，直到 1987 年到达一个重要的转折点。新作品《重塑马戏团》（*Le Cirque Réinventé*）是到那时为止他们最雄心勃勃的作品，其创作灵感来自在巴黎举办的一场名为“巴黎—北京”的演出。作品讲述了一个普通人意外闯进一个魔法马戏团，被改造成演员、杂技艺人的故事。演出引起了相当大的反响，很快引起了洛杉矶电影节副总监托马斯·舒马赫（Thomas Schumacher）的注意，他来到蒙特利尔进行考察，并且被强烈地震撼了。“我们所看到的一切，蒙特利尔和魁北克省的每个人都已经看了好多年了。它完全就是魔法，因为你一爬进那个黄蓝相间的帐篷，它就炸开了花。”舒马赫后来说道，“它似乎比帐篷能容纳的任何东西都要大。”

然而有一个问题：电影节负担不起把这个剧目带到洛杉矶的巨额费用，也无法支付演员们的工资。盖伊需要做一个重大决定，如果选择将演员、工作人员和一卡车一卡车的设备从蒙特利尔运送到南加利福尼亚州，会把太阳马戏有限的资源全部耗尽。盖伊与电影节举办方达成了他能达成的最佳协议：确保首演档期，承诺大力宣传，以及保证 100% 的门票销售。但是如果演出失败，公司就连回家的钱都不够了，这很可能意味着太阳马戏的终结。

任何试图开拓一个从未有过的新市场的公司，都会在某个时候面临这种生存困境。**每个人总会不可避免地在某一天做出选择：要么勇往直前（希望自己的直觉是正确的、研究是彻底的），要么放弃，去做别的事情。**已经走了这么远，盖伊不打算回头。“我不打算等 20 年再来看我们是否能靠自己的工作谋生，”他总结道，“机会就在眼前，让我们做个交易吧。”

他们朝洛杉矶进发。在 1987 年 9 月的那个首演之夜，盖伊通过不懈地努力联系，成功地让史泰龙、施瓦辛格等名人和哥伦比亚电影公司的高管们把现场挤得满满当当。虽然压力很大，但演员们勇敢地迎接挑战。演出一炮而红，门票在一夜之间成了抢手货。《洛杉矶时报》称，这次表演“满足了我们作为马戏观众的首要要求——震惊我；同时也满足了我们内心隐秘的期待——吓到我。有那么一刻，一个走钢丝的女艺术家在 18 米高的空中似乎要失去控制，哦！那场景简直让人不敢直视。但你还是忍不住要看”。

最后，太阳马戏不仅取得了艺术上的成功，也获得了商业上的成功。在洛杉矶赚到的利润，推动它继续向拉斯韦加斯，向欧洲国家、日本，甚至更远的地方进军。这群来自蒙特利尔、想要改造世界的嬉皮士取得了超乎他们想象的成功。**他们从本质上创造了一种全新的艺术形式，凭借这一点，太阳马戏不仅开拓了一个未经开发的市场，而且开创了一种全新的商业模式，这种模式的基础是一条想在 21 世纪生存下去的必经之路：永不停止的创新需求。**

拥抱生活的戏剧性

正如太阳马戏的早期经历所显示的那样，这家公司从第一天起就处于危机模式。我希望能对你说，随着公司越来越大、越来越成熟，做事会变得越来越容易，但事实并非如此。**无论你的公司规模如何，在当今高度互联的全球经济中想要蓬勃发展，就意味着你要时刻保持警惕，做好应对任何事情的准备**。就我们的情况而言，随着几十部作品在世界各地上演，我们知道总会有各种潜藏的风险存在，因此需要迅速果断地采取行动。

既然无法避免生活中突然出现的波折，那么最好的方法就是拥抱它们。很幸运，我一直喜欢戏剧性场面带来的刺激和挑战，而它们就是我最初想成为一名记者的原因。16 岁那年夏天，我在一家快餐店打工，卖汉堡和薯条。我讨厌这份工作。当我告诉父亲我想辞职时，他要我弄清楚自己到底想做什么。一天晚上，我躺在床上，琢磨着如何把我对体育、戏剧和政治等领域的兴趣联系到一起，突然一个想法浮现在我的脑海里。我从床上爬起来，跑到父母坐着的餐桌前说："爸爸，我想当一名记者。"

父亲相信我对自己的判断，第二天他就在我们当地的一家周报给我找了份工作。通过问问题、了解世界情况、与重要人物见面等活动来赚钱，对我来说简直快乐似神仙。不久之后，我就被一家大型的地区性日报录用了。甚至在渥太华大学主修传播学的时候，我还在兼职做记者。然而新闻行业并非能找到戏剧性和刺激的唯一的地方。我还参加了大学足球队，加入过演出公司。（这些经历简直是为适应太阳马戏的运动员和艺术家文化所进行的完美训练！）总而言之，我在本性上并不适合做一名演员，特别是演员需要暴露内在情感的缘故，但我从未丢掉对戏剧的热爱和对艺术家的尊重。

毕业、结婚之后，我放弃了记者的工作。我厌倦了去报道别人的生活，我想成为自己生活的演员。此外，记者似乎是一份不稳定的职业。所以我选择了公共关系和广告方面的工作，这是一个折中方案，可以让我在保有创意的同时保持稳定，即使这种稳定有点无聊。

这份工作确实具有创造性。事实证明，我不必担心工作中无聊的那一部分。

你必须直面危机

可以肯定地说，如果没有在公共关系行业中进行危机管理所积累的关键经验，我就不可能胜任太阳马戏首席执行官的工作——在全球飞来飞去，到处“灭火”。其中最重要的一条经验听起来简单，执行起来却可能很难：**必须直面危机，而不是逃避、拖延和掩饰。**明白了这一点，你将能在当今混乱的世界中茁壮成长；而如果不这样做，你可能无法熬过下一次危机，这一场危机可能会比你想象的来得更早。

这条经验是我在职业生涯的第一次重大突破后不久获得的。当时，全球最大的公关公司博雅公关（Burson-Marsteller）通过猎头找到我，聘请我在蒙特利尔开设新的办事处。当时我只有 28 岁，而我的新雇主则是一家规模庞大、业务遍布全球的公司，这让我有点不知所措。突然我意识到国际市场上有着巨大的机会，而这对我后来在太阳马戏的工作也是一种很好的训练。对一些特殊活动进行创意策划也是如此，比如为一家啤酒公司策划汽车比赛作为促销活动，就与策划演出一样。

我的工作很快引起了一个人的注意，此人后来成了我的重要导师，他就是哈罗德 · 伯森（Harold Burson）。作为现代公关界最有影响力的人物之一，伯森深受信任，被世界上众多大公司的首脑们引为顾问。进入公司的第二年，他就给了我宝贵的、如何处理危机的入门知识。1982 年 9 月，我们的客户之一强生公司卷入了泰诺中毒案，博雅公司的每个人都震惊不已：芝加哥地区有 7 人在服用含有氰化物的泰诺胶囊后死亡。虽然我没有直接参与伯森对此事的处理，但我一直在密切关注他的工作，并实时跟进事件的发展情况。当时他建议强生公司的首席执行官詹姆斯·伯克（James Burke）处理此事要做到对公众完全透明，并立即召回在售的 3 100 万瓶泰诺，这给我留下了深刻的印象。

当然，此次中毒事件的短期影响是巨大的，强生公司因此损失了 1 亿多美元。但是，在公共安全受到威胁的情况下，没有折中、妥协或自欺欺人的余地。事实证明，从长远来看，直面危机实际上有助于守住底线。大多数分析师曾认为强生公司的声誉永远不可能恢复，然而在一年内泰诺就夺回了原有的市场份额。这对伯森来说是一场激励人心的表演，他有一种天赋可以让客户明白：只关注自己的短期利益而牺牲他人的利益，最终会弄巧成拙，尤其是在需要更广阔视野的可怕的紧急情况下。

几年后，我遇到了一个十分类似的情况，使我有机会把所学到的东西付诸实践。1984 年，也就是在博雅公关工作了 3 年之后，我离开了博雅，成为国家公共关系公司的高级合伙人。做出这一决定并不轻松，因为我将成为公司的股东，这存在很大的风险。但我不能放弃与公司创始人吕克・博勒加德（Luc Beauregard）共事的机会，他也是一个有远见且正直的人。事实证明，这一选择对我的职业生涯是一个巨大的推动：我与博勒加德一起把博勒加德创立的这个最初只有 20 名员工的小团体，变成了加拿大最大的公关公司（具有讽刺意味的是，我们最终吞并了博雅公关在加拿大的业务）。

开始新的工作后不久，我在开车去参加一个重要会议时，接到了我们最大的客户之一莫尔森啤酒公司的总裁兼首席执行官安德烈・特兰杰蒙塔涅（André Tranchemontagne）的电话。

“你能马上来我办公室吗？”他问。“这个，我正要去参加一个非常重要的会议。”我说，“只要一散会……”他打断了我的话：“不，你不明白！我需要马上见到你！”

我取消了会议，直接去了特兰杰蒙塔涅的办公室，发现他正被他公司的高级管理团队团团围住。“我们在啤酒里发现了一种腐蚀性的、可能致命的物质。”他解释道，“我们认为这可能是由于装配线上的机械故障造成的，但还没有找到确切的原因。”

特兰杰蒙塔涅凝视着我，说：“既然你经历过泰诺危机，我希望你能帮助我们决定如何行动以保护公司。”

房间里气氛非常紧张。我开始分享我从哈罗德·伯森那里学到的经验，今天我也用同样的经验来处理面临的任何危机：

- 确保只有一个决策者。“这个决策者就是你，特兰杰蒙塔涅。”我解释道，以便让房间里的每个人都明白谁将负责发号施令。每当出现危机，每个人都想参与其中，每个人都想被誉为公司的救世主。不能允许这种情况出现。不要通过委员会来指挥，以免浪费大量的时间去争论并为争论而苦恼，因为没有时间可以浪费：必须迅速做出决策，并以更快的速度去执行。

- 必须了解危机的严重性。调查问题出现的原因，估算一下有多少人受到影响。这件事要迅速去做，弄清楚实情。如果你搞不清楚自己在处理的问题是什么，你将永远无法解决这个问题。

- 短期的财务问题不应纳入你做决策时要考虑的范围，那样做的风险太大了。你面对的挑战只有一个，那就是拯救品牌，甚至可能是拯救公司本身。你要把注意力集中在透明化和解决问题上面，这一步可能是最难的，因为公司里的人会试图掩盖事实，掩盖自己的过失，将大事化小。而那样做只会让问题变得更糟，最终可能会让事态失控。

我很幸运，特兰杰蒙塔涅虚心地听完了我的话，并当场接受了我的建议。他没有推卸责任，发挥了决定性的领导作用，并用一个引人注目的公告来直接处理这个问题：莫尔森啤酒公司的工厂受到了污染，所生产的所有啤酒将立即被从商场的货架上召回。

此事顿时引起一阵骚动。媒体上充斥着消费者被有毒啤酒灼伤的报道，很多权威人士预测莫尔森啤酒公司将会倒闭。尽管公司内外一片恐慌，但特兰杰蒙塔涅仍保持冷静。经过两天的检测，问题的根源被找到了：设备泄漏导致有毒的化学物质污染了啤酒。又用了一整天的时间，设备被修理好了，我们安排了一场新闻发布会来分享这个好消息。令人惊讶的是，这一做法却像是火上浇油，媒体利用这个机会进一步添油加醋，写出耸人听闻的报道。

莫尔森啤酒公司面临的最后一个难题是从市场上召回所有的在售啤酒。这项工作相当难做，因为成千上万瓶啤酒被销往了加拿大的偏远地区。当召回工作最终完成时，该公司准备对外宣布其产品对消费者不再具有危险性。但特兰杰蒙塔涅领导团队中的许多人认为，召开新闻发布会只会再次引爆舆论，给媒体提供更多攻击的弹药。我站在与他们相反的立场，激动地争辩说，让公司总裁在镜头前出现，是向公众保证我们没有试图隐瞒任何实情的唯一方法。幸运的是，当我向莫尔森啤酒公司的公共事务副总裁阿尔班・阿塞林（Alban Asselin）求助时，他愿意与我一起为事件的透明化而战。

我们就这个问题辩论了好几个小时。会议一直持续到晚上 9 点。很显然，连续几天的工作让大家都很疲惫，我们的讨论越来越情绪化。最后，特兰杰蒙塔涅做出了决定。“自危机开始以来，我们一直对媒体保持透明。”

他严肃地说，“最后的结果也必须如此。”他指示我在星期五安排一次记者招待会。

漫长的一天结束后，我坐在车里，精疲力竭。我查看了一下语音信箱，发现有两条未读信息。第一条信息是我在国家公共关系公司的合作伙伴弗朗西斯·阿姆斯特朗（Francis Armstrong）留下的，他给我出了一个点子：为庆祝危机结束做一个宣传活动，向所有消费者提供免费啤酒。听完之后我想，这想法真是可笑，我累得连考虑都不愿意考虑它。第二条信息来自我当时的妻子乔塞特（Josette）。当我给她回电话时，她听起来很生气。“你在哪里？”她问。“什么意思？”我回问了一句，“你不知道我这些天都在莫尔森啤酒公司处理危机吗？”

乔塞特沉默了一会儿，然后大笑起来。“我觉得你是唯一一个认为危机仍然存在的人。”她说，“这两天媒体连提都没提这事。”

我惊呆了。这是真的吗？我立刻意识到特兰杰蒙塔涅手下的高管们是对的：如果继续举行新闻发布会，我们会再次激起媒体对爆款新闻的渴望，没有人会关注好的方面。我太专注于危机事件本身，都没有注意到世界已经将关注的目光移向了别处。

我鼓起所有勇气给特兰杰蒙塔涅打了个电话，向他解释召开新闻发布会是一个严重的错误。他大发雷霆，但我也不能责怪他。“丹尼尔，你一整天都站在相反的立场上与他们争辩，”他怒喝道，“这会儿你是怎么了？”

由于无法在电话中说服特兰杰蒙塔涅，我与他约好第二天早上在他的办公室见面。我邀请了我的同事弗朗西斯·阿姆斯特朗与我一起去，因为我突然发现，他提出的赠送啤酒以庆祝危机结束的想法似乎并不那么可笑。经过长时间的讨论，我们说服了特兰杰蒙塔涅。我们没有举行新闻发布会，而是发布了一份新闻稿，解释了我们古怪的促销活动。

这是一个绝妙的主意：随后所有的新闻报道都集中在评论我们宣传活动的明智之处上，有毒物质泄漏的事很快被忘在了脑后。周六早上，当魁北克的消费者在报纸上看到写着“免费啤酒！”的整版广告时，他们成群结队地前去商店领取莫尔森啤酒。不到一个月，公司的市场份额就增加了，后来公司还因为应对危机时的出色表现而获得了几个奖项。

从这段经历中可以得出很多经验教训。严格地说，莫尔森啤酒公司并不需要花费数百万美元去赠送那么多的啤酒。但它的慷慨大大有助于重建消费者的好感，通过这种方式，该公司向公众表达了“请原谅我们，与我们在一起”的意愿。

这件事也让我明白，局外人的观点在发挥创意的过程中有多么重要。**危机时刻需要创新思维，而当你“只见树木，不见森林”时，很难获得这种思维。**

阿姆斯特朗和乔塞特从全新视角看待这次危机，他俩打来的电话让一切都变得不同了。

最后要补充一点。总有人会说“我们公司没有时间去创新，尤其是在遇到危机的时候，我们连思考的时间都没有，更不用说去想一些巧妙的新计划了”，这个故事可以给这类人提供一个新视角。创意更多的是培养一个能让想法开花结果的环境。阿姆斯特朗灵机一动想到了“免费啤酒”这个主意，这说明一个道理：做出一个能挽救一天的有创意的决定，任何时候都不晚。

优先考虑创意，为自己的想法而战

随着潜在的灾难像风暴云一样不断逼近，人们可能会觉得最好的策略就是极度谨慎，采取一切可能的措施来减轻风险。但我发现事实恰恰相反，虽然这似乎有些违背直觉。**风险是创意过程极为重要的组成部分，试图消除风险则会扼杀作为创意核心的自由精神。**

事实上，我认为让自己远离危险才是最大的赌博，因为它会让你陷入困境，停滞不前，甚至落入下风。在竞争对手不断创新并寻找你的弱点、随时准备突袭的世界里，规避风险意味着大麻烦。

这些原则甚至适用于经营你的职业生涯。1997 年，我离开国家公共关系公司，担任 TVA 集团的总裁兼首席执行官，这一举动是一场豪赌：我原来年薪五六十万美元，还有奖金，现在一下子少了一半。因为 TVA 是一家上市公司，我的工资会被公开，我的前合伙人吕克 · 博勒加德看到后打电话对我说："丹尼尔，以前我就觉得你不正常，现在我知道你确实是疯了。"

当然，明智地应对风险意味着你要确保成功后会有很大的收益。就拿加入 TVA 这件事来说，当我通过协商获得的股票期权大幅升值时，我的赌注得到了回报，我赚取的数额超过了减少的那部分薪水。不过，事实上，在接受这份工作时，我并没有过多考虑钱的问题。最重要的是，我对进入电视界感到兴奋，借此难得的机会，我可以把这家规模很小的地方电视台变成一家国际大公司。当我表示计划制作电视节目并销售给全世界时，公司内外的人都笑了。但我们确实做到了——我们成了加拿大首屈一指的法语电视台。

这一选择在另一个重要方面给了我回报，它让我为后来在太阳马戏的工作做好了准备。在 TVA，我生平第一次在管理创作过程中与艺术家、导演和节目创作者一起合作。我必须把花费控制在项目预算之内，还要处理好演员和编剧的敏感情绪。我学会了如何将自己的参与限制在监督的角色之内而不干涉电视节目的日常制作，以及如何确保在激励和挑战我们的艺术家的同时，实现我们更宏大的目标。

现在想来真是有趣，我刚到太阳马戏时被视为一个乏味的商人，而我在从事电视和公关工作时却被称为超级创意者。在国家公共关系公司时，我总能想出一些疯狂的、打破常规的点子，来帮莫尔森啤酒公司或银行之类的客户做推广；在 TVA 时，我自认为有很强的艺术鉴赏力。那时候真是井底之蛙啊！在太阳马戏工作了 20 年后，我才痛苦地意识到以前的我是多么保守，意识到自己本可以走得很远，但又错失了多少机会。

在那个年代，电视行业的思维方式非常传统。现在我才明白，我们对即将伴随着奈飞之类的流媒体服务到来的数字化未来是多么得无知。我们一直陷在制作黄金时段节目和销售广告的传统商业模式之中，而没有跟随观看点播和订阅服务等新趋势去进行尝试。在为不断增长的国际市场创作节目方面，我们也做得不够。

这些年来，我注意到许多管理者并没有把创意放在首位，因为他们认为自己的工作就是告诉人们不能做什么。在 TVA，我们不敢冒险去做任何可能降低收视率的事。如果现在让我回到以前的工作岗位，我会把预算留出一部分，专门用于尝试各种疯狂的想法。需要提醒你的是，没有什么会给公司带来风险，这么做每年反而可能会让有一两个节目获得巨大的成功。

想一想，像《宋飞正传》（*Seinfeld*）这样的电视剧，当初被许多电视台的高管拒之门外，因为它不过是关于纽约市一小群性格古怪的单身人士的故事，他们在奇怪的境地下，取笑社会习俗和约会仪式。但在多年的收视率低迷之后，它成了有史以来最受欢迎的情景喜剧之一。今天，我会对我那些最有抱负的创意人员说："带着你最疯狂的想法来找我吧！"要想有真正的突破，就必须有突破常规的自由。我本应该超越电视界专业人士的界限，到喜剧、音乐节和戏剧等现场娱乐领域去寻找有感染力的艺术家，以挑战我所在行业里的过时和先入为主的想法。

当然，你想进行创造性的冒险，任何时候都会遇到阻力。你用于实现新想法的预算，在股东和公司内部其他派系的人员眼里则是节省资金、增加利润的机会。他们会辩称这种投资获得回报的可能性微乎其微。关键在于，你如何为这些预算进行辩护，你要通过解释自己的逻辑，让听众接受此事。你不能只是简单地说一句"我们需要尝试一些疯狂的事情"，相反，你必须向他们解释未来的潜在回报。但如果半年之后还没有突破该怎么办？一年、两年、三年之后呢？在那种情况下，可能需要对有关项目进行重组，但你必须非常具体地说清楚修改意见，并解释为什么它们终会获得成功。随着时间的推移，如果你仍然不能证明项目的合理性，也许它就应该被取消掉。

无论是在商界还是在生活中，优先考虑创意通常意味着你要准备好为自己的想法而战。我经常听到人们说“哦，没人会支持我”，或者“我的老板太保守了，他们不会接受这个的”之类的话，这样的思维方式已经注定了会失败。一个更好的做法是对自己说：“我在与聪明的人打交道，他们能理解我想要达到的目标。”

事实是，没人能够看穿你的心思。你必须详细解释你正在做的事情，并说明如果一个项目陷入困境，你将如何改善情况。如果听众能听懂你的理由，他们很可能就会理解并支持你。此外，你还会发现，一次巨大的成功会让大家忘记你之前的错误。

做好准备，与太阳马戏一起出发

在这一章中，我讨论了一些关键原则，如忠诚、重塑、危机时期的诚实和创新面临的风险等。还有一件事我想说一下：在这个世界上，许多准备工作实际上都没有多大意义，除非你在某个时刻准备好跟随马戏团一起去巡演。

显然，我的意思并不是真的指你要去加入一个巡回演出剧团。在公众的想象中，只有在神话王国里才会有加入马戏团的事存在，它是对做疯狂且冒险的事情的一种隐喻，而那么做正是我在本书中所极力提倡的。在生活里和商界中，人们太容易变得自满。有时候，只有当我们敢于迈出生命中最勇敢的一步时，才能真正得到成长。

我做过的最大的职业冒险就是加入太阳马戏，但如果不是受到了不起的奥林匹克运动员西尔维·弗雷谢特（Sylvie Fréchette）的启发，我根本不会这么做。弗雷谢特是加拿大的骄傲，这不仅是因为她在 1992 年巴塞罗那奥运会上赢得了单人花样游泳金牌，还因为她是在经历了一场难以想象的悲剧之后完成这项壮举的——她的未婚夫在奥运会开幕前一周自杀身亡了，这实在让人震惊。

当时我还在国家公共关系公司工作，弗雷谢特是我的客户。她荣获金牌后，我毫不费力地为她找到了一份非常赚钱的工作：担任一家大银行的发言人。这项工作并不难做，她将再也不用担心钱的问题。我认为自己做了一件大善事，我很高兴看到她再次走上康庄大道。

后来有一天，弗雷谢特拿着一盘埃丝特 · 威廉斯（Esther Williams）的录像带来到我的办公室。在 20 世纪四五十年代，这位竞技游泳运动员凭借一系列以夸张的水上表演为特色的热门音乐剧红透好莱坞。“我不想在银行工作了，”弗雷谢特说，“这不是我的风格。我一直梦想能像威廉斯那样参加大型表演。那才是我现在想做的事。”

“弗雷谢特、弗雷谢特，”我摇摇头说，“那种节目现在早就没有了。那些影片都是很久以前拍的。高高兴兴地在银行工作吧，这是全世界最好的工作，它能解决你一辈子的财务问题。”

她垂头丧气地离开了。但没过一会儿她又给我打来电话，激动得不得了：“你看今天早上的报纸了吗？盖伊 · 拉利伯特将在拉斯韦加斯举办水上表演秀。我想参加那个演出！”

“不要这样对自己，”我说，“这是个疯狂的想法，还是保住你在银行的这份稳定的工作吧。”

但是弗雷谢特拿出了争夺奥运冠军时的那种不屈不挠的劲头，坚持自己的想法。我别无选择，只能联系太阳马戏，同时告诉弗雷谢特她正在犯一个巨大的错误。那是我第一次接触我未来老板手下的一些优秀员工，比如林恩·休厄德（Lyn Heward）和吉勒斯·斯特－克鲁瓦等，后来我与这些员工建立了密切的友谊，在专业和艺术方面都很尊重他们。

弗雷谢特非常适合这出水上秀 *O*，但我很快发现，我通常为大明星洽谈合同的方法这一次却行不通。在太阳马戏有一句话："演出本身才是明星。"这意味着艺术家必须把自我放在一旁，努力让自己成为整个演出的一部分。

作为弗雷谢特的经纪人，我告诉她不该加入太阳马戏，原因一方面是她无法以明星的身份大放异彩，另一方面则是她的薪水会大幅减少。但是弗雷谢特早已下定了决心。她厌倦了银行的工作，渴望到一个有创意的环境中去，她毫不怀疑地认为自己做出了正确的选择。

1998 年水上秀 *O* 开始演出时，我已经辞去公关公司的工作，加入了 TVA 集团。我永远不会忘记那一天，我坐在办公室里，多个电视屏幕正不停地闪烁，我抬起头，看到一个引人注目的画面：弗雷谢特微笑着坐在 *O* 的演出现场的泳池边，身旁是一位老妇人。我调大声音，电视里的播音员正在解说与弗雷谢特在一起的那位女士——不是别人，正是 77 岁的埃丝特·威廉斯。

我简直不敢相信。我为弗雷谢特感到高兴：在经历了那么多的挣扎和心酸之后，她终于实现了自己的梦想。眼泪顺着我的脸颊流了下来。我对自己说："丹尼尔，你认为弗雷谢特做错的那些事，实际上她是对的。"

那一刻，我内心的某种东西也发生了变化。当时我说不清那到底是什么。但后来当盖伊打电话给我，让我去太阳马戏工作时，我一下子就明白了。我总是会在各种工作中涉及创意项目，但我基本上仍是一名非常普通的企业高管，主要职责是照章办事。与盖伊谈起加入他那疯狂的马戏团这件事，让我意识到：由于需要适应目前职位的传统结构，我的创作冲动已经被压制了太久太久。

上天给了我一个机会，让我能够做弗雷谢特做过的事。我觉得她真的非常勇敢，毅然放弃了银行的稳定工作，“跳进”（字面意义上的）了*O*的游泳池。现在，我有机会做同样的事情了，用比喻的话来说，是我冒险“跳进”未知世界的时候了。

B A L A N C I N G　A C T S

太阳马戏的创意管理

- 每家公司都可以利用一些创造性的方法，来提醒员工自己的使命。
- 任何创意团队获得长期成功的关键都在于对待彼此极为忠诚。
- 风险是创意过程极为重要的组成部分，试图消除风险会扼杀作为创意核心的自由精神。
- 无论是在商界还是在生活中，优先考虑创意通常意味着你要准备好为自己的想法而战。

BALANCING ACTS

第2章

对待新创意的正确方法 绝不是直接说“NO”

管理层的存在是为了服务
创意团队，而不是反过来。

BALANCING
ACTS

当我对父母说我要去太阳马戏工作时，他们觉得我疯了。“天哪，他这是在干什么？”母亲对父亲说。想当年，在经历了多年的贫困之后，看到家里的长子得到了一个令人尊敬的职位，管理一家大型电视公司时，他们感到非常自豪。我要为了加入一个马戏团而放弃这一切吗？还有我的新老板，曾经的喷火表演者盖伊·拉利伯特，他看起来还有点怪怪的。“你确定你想与这个人合作？”父亲问我。

作为我的另一半，在得知太阳马戏无法给我与在 TVA 时相同的股票期权后，乔塞特也觉得我做了一个错误的决定。但我做任何事从来都不是为了钱。我早已发现，如果对自己所做的事情充满激情，财务问题往往会自然而然地解决。不过尽管有这样的认识，我也不想傻傻地就行动。我告诉盖伊，他必须给我同样的薪水，以及一个股权激励方案，以弥补我失去的股票期权。他答应了我的条件——到了 21 世纪初太阳马戏的生意开始腾飞之后，这笔交易才得到了回报，但在当时，我这么做相当冒险。许多人认为，太阳马戏已经没有更多的发展空间，在反复无常、瞬息万变的娱乐市场中，它很容易遭遇螺旋式下降的命运。我知道，我很可能是在犯人生中最大的错误。

我为是否接受这份工作苦恼了 3 个星期。我的头衔将是“新投资部”的总裁兼首席运营官，这是一个新设立的职位，目的是帮助盖伊进入房地产等领域实现多元化经营的梦想。如果我把这事做成了，他打算培养我，让我有朝一日取代他成为公司的首席执行官。

这些条件都很吸引人，但最打动我的是盖伊说的一句话：“我从报纸上看到你想要扩大国际业务。如果你继续在电视公司干，估计要好几年时间才能实现这个目标。来太阳马戏，如果你愿意的话，明天一大早就能实现这个愿望。”

盖伊的话让我很兴奋，我一直都想在国际舞台上大显身手，这一次是我的机会。到该回复盖伊时，我心里有个声音说：“这是一次你必须接受的冒险。”我的整个职业生涯似乎在以一种无法解释的方式走向这一刻：从我与盖伊的第一次互动，到我在公共关系和电视领域寻找充满创意的工作，再到目睹弗雷谢特实现梦想时我内心的触动。这是很好的一课：**在生命中的每一刻，你都要跟着直觉走，你永远不知道它最终会带你走向何方。**

我经常告诉那些来向我寻求职业建议的人：即使你并不特别喜欢你的工作，也要想想它将如何成为你下一步行动的跳板。你热爱的是什么？忠于你的初心，并一直努力朝着这个目标前进。这可能会带来一些意想不到且非常令人满意的结果。

打造一个创意中心

我是在 2000 年 12 月初，在宣布我的任命的发布会之后，才第一次参观了于 3 年前建造的太阳马戏的总部。在建造总部之前，公司的十几间工作室零零散散地分布在蒙特利尔各地，随着公司的发展，这种情况变得越来越不方便和低效。这让盖伊产生了一个宏伟的愿景：打造一个“创意中心”。所有的剧目都可以在这里进行开发；运动员和艺术家们也可以在这里训练；从世界各地来的新员工，可以住在这里的宿舍；在这里可以缝制服装、创作音乐；这里还建有很多的办公室，所有的员工，无论他们的角色是什么，都可以在这里接近创作过程。

盖伊在蒙特利尔的圣米歇尔附近找到了一个地方，这里距离市中心大约 30 分钟的车程。他在从前的垃圾填埋场上，建起了占地约 3.7 万平方米的大型建筑群，它让这个贫穷而又被人忽视的社区得以振兴，它周围种植的灌木、苹果树和玫瑰花丛也美化了这个地区。这里还有一个菜园，为公司的厨房和自助餐厅提供蔬菜和其他香料，员工们也可以在其中休闲、社交、进行头脑风暴。最终，太阳马戏大约三分之一的员工将在总部工作，其余的则平均分配到各巡回演出和驻场演出团队。

第一次参观这个建筑群的时候，我被它搞得晕头转向。我感觉自己就像 *O* 里的菲利蒙——那个被从观众席上拽出来，然后被扔进一个陌生又奇妙的幻想世界里的男孩。公司的创新精神随处可见，从魁北克著名艺术家乔迪·博内特（Jordi Bonet）的雕塑，到镶嵌着彩色服装面料的墙壁，再到陈列着太阳马戏中最令人难忘的小丑们照片的“小丑巷”。年轻的运动员们穿着运动服走来走去，用不同的语言饶有兴致地交谈，让人感觉这个地方更像一个充满活力的大学校园，而不是一家公司。

我参观了舞蹈和音乐工作室、体育馆和 3 个杂技工作室，包括主排练区——那里有 18 米高，面积超过 139 平方米，足够举办一场顶级的大型演出。在楼上的会议室（每一间都以太阳马戏的剧目命名）里，可以透过窗户俯瞰所有的工作室，这使得太阳马戏的高管在商业谈判中具有明显的优势：我们会背对窗户而坐，这样坐在我们对面的访客就会不断地被伴着音乐翱翔的空中飞人表演者、在蹦床上不停上下翻飞的杂技演员等分散注意力，并被深深地震撼到。

在我们占据了两层楼的服装制作室里有一个巨大的“面料库”，里面有数千个样本，供设计师们在制作那些令人惊叹的服装时选择。工人们趴在二楼的 300 台缝纫机上，生产出一场表演所需的所有东西，从服装到帽子、从头饰到定制的鞋子……在化装室里，艺术家们学习给自己化装（每场表演都有多达 60 名演员，化装师根本没有时间给所有人化装）。

在太阳马戏的总部里，无论你身处哪个角落，都不可能忘记公司的艺术使命，墙上的大字将其清晰地写了出来：“激发想象力，调动感官，唤起全世界人们的情感。”这也可以被定义为太阳马戏的社会使命。无论排练哪部作品，很容易就会用到十多种语言。来自世界各地，甚至是来自敌对国家的艺术家们，跨越语言、习俗和文化的鸿沟，聚在一起打造一场壮观的演出，还有什么比这更能体现全球和谐的精神呢？

这次参观给了我一个启示：**要想真正具有创意，需要一个具有创造性的环境，一个即使是在员工之间最简单的非正式交流中也鼓励创新的环境。**

让我印象深刻的是，大家随时随地都可以展开讨论，不论是在走廊里还是在餐厅吃午饭时，或者在不期而遇时，大家很快会就目前各自的项目进行深入的交谈。这样的情形你在传统公司中并不常见，它更像是在一座高等学府里，人们不停地交谈、辩论、设想、构思、写作、拓展、唱歌、跳舞。灵感随时都可以被激发，甚至是在你最意想不到的时候。拥有一个鼓励随机、偶然相遇的物理空间，似乎是最理想的工作环境。

当然，其他行业的公司应该建立适合它们自身使命的创新环境。例如，宠物用品公司 Bark 位于纽约和俄亥俄州哥伦布市的办公室，就设计得让人无法忘记该公司的宗旨：超过 250 只狗狗在办公室里到处溜达，每张办公桌旁都设有一个用易于擦拭的布料制成的侧座，这样狗狗就可以坐在它们的主人旁边。在丹麦的比隆市，乐高公司以儿童为中心的宗旨无论你走到哪儿都显而易见，不管是激发员工想象力的游戏室，还是用弯曲的管状滑梯代替楼梯这样的奇思妙想。无论什么行业，在自己的工作场所里走一走，你都应该能感受到核心业务背后的创意。

当你要做一个重大决定时，无知可能是福

受这次参观的影响，我结束了在 TVA 集团的工作，于 2001 年 1 月正式入职了太阳马戏。我记得，当时我在想，这是一份多么有趣、轻松的工作。有了在电视公司工作的经验，我认为自己已经对娱乐行业了如指掌。当我告诉盖伊我不必用很长时间就能跟上公司的业务进度时，他笑了。“太阳马戏与你能想象到的任何一家公司都不一样。”他说，“所以慢慢来吧。你至少要花一年时间才能了解这里的运作情况。”

事实证明，盖伊还是过于相信我了，我花了好几年时间才完全理解这家疯狂的公司的方方面面。

首先，公司有一个复杂而独特的开发新剧作的流程，以达到太阳马戏那高得不可思议的标准，这一点我将在后文加以讨论。其次，我们要面对这样的挑战：如何保持我们现有剧作的新鲜度和观众兴奋度，同时还要处理每天制作几十场现场演出时不可避免会出现的危机。此外，还有安排全球五大洲巡回演出的复杂工作：选择合适的城市、寻找可以容纳我们的大顶帐篷的场所、与地方当局打交道以获得必要的许可证、为一百多名演职人员办理出国手续、用飞机和卡车运输成吨的设备、确保没有任何技术问题妨碍运营，等等。没有任何其他现场娱乐公司会带着规模如此庞大的基础设施环游世界，也没有人会像我们这样去挑战创意的极限。这就是为什么再多的经验也无法让我为这份新工作做好准备的原因所在。有时在开会的时候，我环顾四周，发现我根本不知道大家在说什么。

以上这些还不包括因为两个人的离职而在公司内部引发的混乱：就在我入职前不久，太阳马戏发展历史上最重要的两名成员——导演弗朗哥·德拉根和联合创始人丹尼尔·高蒂尔，离开了公司。

我加入的时候，太阳马戏已经开发出了 7 个演出剧目：3 个常驻演出——在拉斯韦加斯演出的《神秘》和 *O*、在奥兰多迪士尼世界演出的《梦幻嘉年华》(*La Nouba*)，以及 4 个巡回演出——《艺术人生》(*Saltimbanco*)、《欢跃之旅》(*Alegria*)、《奇幻之旅》(*Quidam*)、《龙狮》(*Dralion*)。尽管盖伊一直是太阳马戏背后最重要的力量，并协助指导每一部作品，但作为首席执行官，他忙于监督整个公司的运营，从公司成立以来就没有亲自执导过演出。这个任务落在了意大利裔戏剧导演德拉根的身上，从 1986 年的巡回演出《奇幻》(*La Magie Continue*) 开始，到 1998 年的 *O* 和《梦幻嘉年华》为止，这 12 年里太阳马戏的每一场精彩演出都是他创造的。

德拉根在太阳马戏有着近乎神话般的威望，他是一个创意天才，永远不会犯错。他离职后创办了自己的制作公司，先是制作了红极一时的席琳·迪翁表演秀，然后是拉斯韦加斯永利酒店的水上秀《梦想》（*Le Rêve*）。看到德拉根的成就，大家对太阳马戏的未来产生了极大的焦虑。即使是德拉根离开后的第一部剧——1999 年由盖伊·卡伦执导的《龙狮》取得了成功，也无法平息人们对太阳马戏的鼎盛时期已经结束的恐惧。

高蒂尔的离职引发了另一种担忧。他在高中时就认识了盖伊·拉利伯特，很早就加入了太阳马戏，他从 1990 年起开始担任公司总裁，负责处理商业事务。他还拥有公司一半的股权。在太阳马戏，高蒂尔被认为是一位冷静的现实主义者，他会在业务量没有增长时控制住盖伊的艺术创作冲动。事实可能并非如此，因为盖伊也很有商业头脑；但这样的看法是如此强烈，以至于员工们担心盖伊（他已经买断了高蒂尔的股份，当时拥有公司 100% 的股份）会太过冒进，从而使太阳马戏超支破产。

随着这两位关键人物的离开，没有人知道公司能否生存下去。我入职的时候，公司就是这样一个“压力锅”。多年以后我才明白，当初我没有完全弄清楚太阳马戏到底在经历怎样的动荡和焦虑，或许是再好不过的事。如果我清楚的话，我真的不能确定自己是否会接受这份工作。这让我有了一个令人惊讶的认识：当你有一个重大决定要做时，有时候无知是一种福气。

需要说明的是，我从不反对在接受一份工作或建立商业伙伴关系之前进行尽职调查。**有时候，明智的做法是对收集到的任何信息持保留态度。创造性的努力总是包含着风险，知道得太多或太少都可能导致事与愿违，尤其是对艰巨挑战的恐惧会阻碍你追求梦想的时候。**

探索每一种把创意变成现实的可能性

我的工作不是替代丹尼尔·高蒂尔——至少那时还不是。他的职务比我高，而我也还没有在公司中证明自己的能力。但我应该能弥补公司在他离开后产生的一些管理方面的欠缺。最重要的是，盖伊有一个具体的项目要交给我，实现他的宏伟愿景——一个雄心勃勃的房地产风险项目，我们将其称为“太阳马戏综合体”。

考虑到他那来自街头小剧团的卑微出身，盖伊能把太阳马戏发展到如此地步确实让人惊讶。他认为现场演出的市场已经饱和，所以想多元化经营，进军房地产。多年来，看着其他公司在房地产投资上赚了大钱，他变得越来越沮丧。他热爱房地产，希望与开发商合作，在世界各地建立一系列品牌娱乐城，每个娱乐城都安排有壮观的驻场表演。

“现在，你在观看太阳马戏的表演时会因这种体验而感动，然而离开大帐篷之后你就又会回到现实之中。”在一次采访中，盖伊阐述了他的愿景：在游览太阳马戏娱乐城时，顾客离开我们的表演现场之后，又会走进酒店、餐厅、夜总会、水疗中心、零售店、博物馆或美术馆，每一个场所都由太阳马戏专门设计，可能还会有穿着戏服的工作人员或剧中角色，以便让顾客们继续沉浸在我们的超现实世界中。

最终，在诸如香港、东京、新加坡市、悉尼和纽约这样的地方都会建起太阳马戏娱乐城。第一座娱乐城将建在伦敦，计划是重新开发位于伦敦西北区的巴特西发电站。这是一座巨大的标志性建筑，坐落在泰晤士河岸边，占地约 16 公顷。巴特西发电站建于 1933 年，其初衷是展示英国的工业实力，其内部有一间装饰派艺术风格（Art Deco）的涡轮控制室，铺着镶花木地板，还有一个宏伟的用意大利大理石装饰的大厅。尽管它早在 1983 年就已经关闭，年久失修，但在公众的想象中仍占据着一席之地。这所发电站是当时欧洲最大的砖砌建筑，有四根别具一格的白色烟囱（一家报纸说这使它看起来像“一张倒置的台球桌”），因出现在平克·弗洛伊德（Pink Floyd）乐队[①]1977 年的专辑《动物》（*Animals*）的封面而名声大噪。

10 多年来，开发商们一直试图让这栋旧建筑起死回生，但都没有成功。1993 年，香港投资人维克托·黄（Victor Hwang）买下了这处房产，准备把它改造成一个带有溜冰场和电影院的购物中心。计划没有成功，维克托·黄名下的房地产和建筑公司 Parkview 便转而开始与盖伊洽谈建设太阳马戏娱乐城的事。2000 年 12 月 15 日，在我被聘用的消息公布一周后，太阳马戏和 Parkview 宣布了他们令人兴奋的改造计划：要在这里建一座价值 5 亿英镑的娱乐城，包括两家酒店和一个有 2 000 个座位的礼堂。为了激发公众的兴趣，太阳马戏计划在旧发电站旁边的一个大帐篷里上演其广受欢迎的巡回演出剧目《奇幻之旅》，工程将在 6 个月内动工。

整个项目将由我所领导的新部门新投资部负责。我完全不相信盖伊这一策略的前提假设，因为看上去人们对新剧作的需求量还很大。不过如果他想让我负责这项业务，那么我就得负责完成它。当我接受这份工作时，我对巴特西项目只有一个模糊的概念。盖伊催促我给他答复，而能为这家

① 英国摇滚乐队，成立于 1965 年，由贝斯手罗格·沃特斯（Roger Waters）、吉他手戴维·乔恩·吉尔摩（David Jon Gilmour）、鼓手尼克·马森（Nick Mason）、键盘手理查德·怀特（Richard Wright）和吉他手西德·巴勒特（Syd Barrett）组成，曾多次荣获业内知名奖项。——编者注

有趣的、不断发展的国际公司工作让我感到非常兴奋，以至于我没有去深入研究这个项目就接下了它。

在还没入职太阳马戏之前，我就感觉有哪里不大对劲。在我被聘用的消息公布后不久，盖伊打电话邀请我去伦敦，他正在那里会见 Parkview 的高管，并参加《奇幻之旅》的首演式——既然巴特西项目将由我来负责，那么这项活动对我来说就非常重要。当时我礼貌地拒绝了他，说我在 TVA 还有很多收尾工作要做，他建议我周五飞到伦敦，周六参加会议和首演，周日飞回来，周一继续上班。我觉得这听起来很荒谬——就为了那一天的会议，我就要坐着飞机飞来飞去？但盖伊坚持让我过去。最后，我让步了，并最终意识到这种一有风吹草动就全球跑的情况是太阳马戏工作的常态。（而在今天，这差不多就是我的日常生活！）

于是我便与乔塞特一起飞往伦敦，当时我还不知道高蒂尔离开公司的主要原因之一就是建这座综合娱乐城。他坚决反对这个项目，而我开始明白个中原因了——在盖伊住的酒店套房里召开的会议上，大家讨论了关于该娱乐城的各种疯狂想法：也许可以建一个互动博物馆，专门用于介绍一级方程式赛车（这是盖伊最大的爱好之一）；也可以与披头士乐队合作打造一个新亮点，因为盖伊最近与乔治·哈里森成了好朋友……所有人都在兴奋地谈论各种可能的创意，这期间我得不停地打断他们，问一些基本的问题，尽力去理解他们的商业模式。大多数时候，他们都向我投来茫然的目光，或是迅速转换话题。

会议结束后，我们都去了《奇幻之旅》的首演式，那是一场名流嘉宾云集的盛大活动。也就是在那时，我注意到门外的出租车排成了一条长长的队伍，这让我意识到巴特西这里既没有停车场，也没有公共交通工具。

我不禁疑惑，人们怎样才能负担得起到太阳马戏娱乐城游玩的费用？整个项目似乎是杂乱无章地堆砌在一起，没有什么组织和计划，一整天都给人一种松散、随心所欲的感觉，以至于乔塞特最后说：“你要参与的这玩意与动物园有什么区别？”

新年过后，我回到蒙特利尔，开始到太阳马戏上班。接下来的几个月里，我开始仔细研究这个项目的细节，研究结果让我感到胃里一阵恶心。就在那时，负责这个项目的金融分析师安妮·德罗姆（Annie Derome）冲进我的办公室说：“丹尼尔，你知道巴特西项目行不通吗？”我松了一口气，因为我不是唯一一个担心的人，我让她坐下来说说原因。

简而言之，开发商对我们的需求程度，远远大于我们需要他们。太阳马戏的品牌可以使该地成为热门旅游地，并能使需要文化景点的政府当局感到满意从而给开发商发放必要的奖励金和许可证。对 Parkview 来说，我们的演出可能只是招揽客流的廉价品，主要作用不过是把消费者吸引到酒店、商店和餐馆去。因此，作为这些资产的所有者，开发商可能会赚到大钱，而作为主要租户的太阳马戏则将承担巨大的风险：没有任何证据表明，这个交通不便、荒无人烟的地方，能像拉斯韦加斯和奥兰多等更为成熟的娱乐中心那样撑得起驻场演出。因此，如果我们不能从门票和商品销售中赚钱，我们就根本赚不到钱。

现在我知道，为什么高蒂尔坚决反对并告诉盖伊“如果你继续这个疯狂的项目，你会毁了太阳马戏！”。

我对盖伊说完同样的话后，他好奇地看着我说：“你知道吗？你正在弄丢自己的饭碗。”

“我知道，但我会另找一份工作。”我说，“我只是不想成为那个让太阳马戏破产的家伙。”

盖伊停顿了一会儿，然后说：“这样吧，我们再去伦敦一趟，与开发商谈谈。如果你对，我们就从中抽身；如果我对，我们就做这笔交易。”

我同意了，我们飞到伦敦。在会议上，盖伊先发制人，他问 Parkview 的高管们，太阳马戏是否能够参与地产利润的分成——答案是“不能”。

“一击不中。”盖伊小声对我说。

下一个问题是关于知识产权。盖伊也没有得到想要的答案。

“二击不中。”盖伊说。

最后一个问题是关于融资。结果仍然不是他想要的。

盖伊从椅子上跳起来说：“三振出局。我们不干了。”

盖伊很失望，但他非常庆幸我们避免了一场灾难。我则从中学到了一些重要的东西——不仅是关于我的老板，也是关于整个创新过程的。我意识到，当盖伊提出某种建议时，正确的答案永远不是“不行”，而是“好的，我会去考察一下”。

这才是对待新创意的正确方法，不管这个创意是谁提出来的。**任何创意企业的管理者都应该推动每个人去探索每一种可能的途径，以便把一个**

新想法（即便是一个疯狂的想法）变成现实。如果你调查了所有的可能性后发现这个项目仍然没有价值，那么它就应该死掉。

巴特西开发项目就是如此。盖伊极力推动这个项目，然而一旦他明白了其中的障眼法，他就毅然回头，说：“好吧，我们离开。”

不过，这给我带来了另一个问题：盖伊雇用我是为了管理这个大项目，而现在它已经泡汤了。几个月来，我一直只专注于巴特西项目，对公司其他部分如何运作一无所知。因此，我已经没有工作可做了。

会议结束后，我们走出大楼。盖伊点燃了一支香烟：“现在我们来谈谈，你接下来要为太阳马戏做什么……”

“等等，”我说，“你千万不要觉得有义务给我一份新工作。正如之前我对你说过的那样，我准备走了。巴特西项目没有成功，所以我真的没有什么可以……”

“不，你不能走。”盖伊坚定地说，“我喜欢你做事的方式，喜欢你发展公司的理念。我知道现在的环境很艰难，很多人都在争夺职位，但是我想提升你为整个公司的首席运营官。”

我惊呆了。转眼之间，我就从失业线上跳到了公司的高层职位，负责监管除新剧目开发之外的一切事务。盖伊希望优秀的林恩·休厄德继续担任创意部的主管并直接向自己汇报，对此我没有意见。我对新剧目开发的事知之甚少，很高兴它能被交到这么有能力的人手中。但我渴望了解它，就像了解公司其他方面的情况一样。

这件事给了我一个巨大的教训：**如果下了重注，那么即使你的想法似乎与老板的相矛盾，你也要坚持自己的信念。**创意性公司会产生很多很棒的想法，但不是所有的想法都会产生经济效益。我的一个练习方法是：先假设自己是错误的。认为“我很对”，然后列出一大堆证明的理由，这样做再容易不过了；而反过来设论，并看看我能否证明它是错误的，则要难得多。如此一来，我便更容易说服对手，因为我已经彻底了解了他们的立场。

当然，该做什么不该做什么你还是要掂量一下，没有必要因为一点小事就拿自己的工作冒险，而且你的研究必须扎实（你的理由要基于事实，而不是观点）。但是，如果项目很重要，并且你的立场也有理有据，那么只捡老板喜欢听的话说对他没有任何好处。此外，你肯定不想成为因推动一个有缺陷的项目而使公司被破坏的罪人。

我提倡的这种方法当然有一定的风险——你的工作可能岌岌可危，但另一种选择可能更糟。在我入职之前，太阳马戏有一些人一直试图让盖伊相信，不仅巴特西项目可行，而且全世界太阳马戏连锁娱乐城的收入最终会让现场演出的收入相形见绌。他们描述的前景让盖伊有些飘飘然，以致我很难把他拉回到核心业务上来。

幸运的是，盖伊足够开明，愿意听我把话说完。与此同时，那些认为老板想听什么就说什么的人则用他们的故事给了我们一个警示：现在他们都已经不在这个公司上班了。

千万别充当销售员的角色

盖伊并没有马上放弃太阳马戏娱乐城的想法，多年来，我们继续在伦敦、蒙特利尔、拉斯韦加斯和其他城市探索这个概念。但这些项目每次都因为同样的原因而流产：太阳马戏不是房地产开发商。我们是一家娱乐公司，如果我们坚持做自己擅长的事情——创作惊世骇俗的演出作品，就能最大程度地取得成功。

除了《神秘》和 *O*，我不知道我们还能有多少剧作可以在拉斯韦加斯蓬勃发展；但我确信，如果我们的作品足够独特、足够耀眼，观众就会蜂拥而至。至于大篷车巡回演出方面，世界上还有数以百计的城市我们没有去过，巨大的市场正等着我们去开发。

盖伊支持我扩大核心业务的计划，但要让公司内部的其他人相信风险分散项目不会带来持续增长，仍然是个难题。尽管入职几个月了，我却还是一个未证明自己的新来者，没有什么盟友。因为专注于巴特西项目的事，我到那时仍没有融入公司，对公司如何运作几乎一无所知。在大多数日子里我感觉自己像个局外人，有几个高管想要我的职位，于是做出了一些微妙和不那么微妙的努力来破坏我的工作，使得我的这种感觉更加强烈。

事实上，在入职第一年的大部分时间里，我似乎不太适应太阳马戏的艺术文化。根据我的专业背景，我习惯扮演推销员的角色。给我一个提案和一屋子商人，我就能把他们争取过来。问题是，在太阳马戏，大家讨厌销售人员！不管是在大型会议、小型聚会上，还是在偶遇时，每当我开始做推销宣讲，大家都对我怒目而视、极力反对。没有人对我说的话给予丝毫关注，因为他们不信任我那种圆滑的处事方式。在他们眼里，我很虚伪，还有很强的控制欲。

最后，我认清了状况，并从中得到了另一个有价值的教训：**要想在一个有创意的环境中发展，一定得放弃销售式的言谈。**我不得不学习如何多听、少挑衅，以及开诚布公地与大家交流。我这样做了之后，就比较容易融入其中、赢得支持，并推动我的计划向前发展了。更棒的是，我发现自己第一次开始期待上班，并享受我的工作了。

学习业务，学习每一处细节

直到巴特西项目结束后，我才逐渐理解推动公司发展的创造性思维，然而我还需要知道更多。我如饥似渴地搜集各种信息，想知道整个公司每一个层面的运作机制——你可能会说，我这是要拉开帷幕，去了解太阳马戏如何创造出我们在舞台上所看到的奇迹。

我在这里提出的建议——“学习业务”，似乎很稀松平常，但你会惊讶地发现，即便是高管也常常不完全了解自己公司内部的运作情况。他们可能有一个大概的认识，但我要说的并不是这样，我说的是对组织的每个方面都有非常详细的、粒度化的了解。这一点对身处创意公司中的人来说尤其重要，因为这表明你拥有文化所重视的特质，比如同理心、好奇心、智慧和同情心。从希望升职的初级员工，到表现出真正关心员工及其工作情况的高层管理人员，公司里的每个人都可以从了解其他业务中受益。

在接下来的几个月里，我学习了从选角、服装到试镜过程的所有知识。我看了数个小时的彩排，并做了笔记。休息时，我会问演员和工作人员一些问题：“这项技术是做什么的？”“这些杂技演员怎么训练？”“为什么这种行为有效，而那种行为无效？”甚至一些细微的事情也变得重要，比如看到艺术家们在后台或在厨房帐篷里聚餐时该如何表现。如今，每逢演出结束，我会对他们说：“你们已经与我合影过无数次了——但是让我们再来一次，确保每个人都被拍进去哦。”说完我们都会哈哈大笑，但这么做的关键在于对过程的重视，而不仅仅是获取信息。它可以让你深深融入企业文化之中，并与团队成员建立牢固的关系。

每当太阳马戏来了新员工，我给他们的第一条建议就是：“永远不要在周一给巡回演出团队打电话。”因为这一天是一周中演职人员唯一的休息日。如果你在周一打扰他们，他们会嘲笑你的无知，并把你拒之门外。深入调查你所在的公司，挖掘出此类细节，这些细节能决定你是否会被同事认可。

在创造性和实用性之间达成平衡

那是 2001 年的秋天，在太阳马戏工作了将近 10 个月后，我开始了这个学习进程。这是一段特别令人着迷、同时也令人焦虑的时光，因为公司仍处于由弗朗哥·德拉根离职而引发的生存危机的阵痛之中。15 年来，公司的剧作一直都是按照特定的方式制作的——由德拉根导演、盖伊监制，可突然之间，我们不得不开发一种新的制作方式。

盖伊想出了一个巧妙的解决办法——从外面为每一部新剧请一名新导演，于是这就成了一个变相的机会。德拉根的离开丝毫未曾影响太阳马戏之后创作一系列热门剧作，比如《魔幻森林》(*Varekai*)、《人类动物园》(*Zumanity*)、*KÀ*、《喜悦之旅》(*Corteo*)、《披头士之爱》《迈克

尔 · 杰克逊一号》，开启所谓的“太阳马戏的黄金岁月”。这表明，一家公司从外部引进新的人才、以新的视角看待自己的产品，可以产生多么令人振奋的效果。

在那之前，我们专注于推出新剧作造成了一种风险，即每部作品都与上一部过于相似。从外界引入导演解决了这一问题。每部新剧作都带有特定导演的鲜明特色，从而使我们的演出内容多样化。

然而，我们在试验这个新办法的时候，也知道它有自身的风险。新来者对公司如何运作一无所知，而教他们则费时费力。就我们的情况而言，我们所考虑的许多导演都是戏剧、歌剧、舞蹈和音乐等领域的顶尖人才，但他们对于马戏表演毫无经验。

另一个问题是：请来这些外部人员之后，如何让他们步上正轨，并确保他们圆满完成任务？我们可以鼓励天马行空的创意和用新颖的方式来制作剧目，但这并不意味着想怎么做都行。我们仍然需要一个流程，以保证在我们确定的预算和时间框架内创作出具有鲜明的太阳马戏特色的高质量作品。换句话说，必须在惊人的创造性和严格的实用性之间达成一个微妙的平衡。

我们的解决方案是，让从外部请来的导演与两位资深员工（一位创作总监和一位制作总监）组成团队，从而帮助导演们将艺术愿景转化为现实。公司的总监们充当向导的角色，设置沙盒的参数，然后让外聘的导演尽情发挥。

创作总监负责提供导演可能需要的所有人员，从演员、服装师，到乐手和教练等。“这里要不要人表演滑板？”他们可能会说，“还是要空中飞人？或者我们应该为杂技演员打造一套全新的表演设备？”

与此同时，制作总监要确保这部剧按照预算金额和时间进度完成。这个人是个业务行家，知道如何管理一笔 3 000 万美元的马戏团预算。例如，在巡回演出时，所有设备必须能装进我们现有的 50 辆卡车里，多一点都不行，“你想要 10 个乐手，没问题，”制作总监可能会说，“但你必须裁掉两个杂技演员。”这种做法可以提高效率，砍掉我们负担不起或在给定时间内行不通的想法。

正如你能想象到的那样，打造一个新剧目是一个复杂的过程。制作一部巡演作品大约需要两年的时间。制作驻场演出作品需要的时间则更长，通常是 3 年，因为我们还必须监督剧场的建设，那可能是一项艰巨的工作——想想在百乐宫酒店为 *O* 建造的巨大水箱舞台，或者在美高梅大酒店为 *KÀ* 打造的那个巨大旋转舞台，就知道了。

太阳马戏在新的运作机制下的第一部作品是巡回演出剧目《魔幻森林》。我入职的时候，这部剧已经排练很久了，离 2002 年春天在蒙特利尔的首演只剩 6 个月。盖伊选择多米尼克 · 尚帕涅（Dominic Champagne）为导演，他是一位屡获殊荣的加拿大剧作家兼戏剧导演，曾设计和执导过许多著名的公共活动，包括多次魁北克省的国家节日庆典。尚帕涅以前从未创作过马戏表演，但这不是问题，我们会提供这方面的专业知识。盖伊要找的，是一个有新的艺术眼光、对有机会用马戏艺术进行表演感到兴奋的人。

从外部招聘人才，并让他们与公司内部的“向导”组队合作，这样的事任何企业都可以做到。例如，如果我是一家汽车公司的首席执行官，我会聘请以前从未制造过汽车的优秀工程师和设计师，看看他们能想出什么点子。他们不需要知道任何关于制造引擎的知识，因为我们已经有专家来做了；相反地，我希望这些设计师专注于打造最有创意、最实用、最时尚的汽车。

如果你觉得这种方法有点异想天开，那么不妨想想，商业史上有多少热门产品诞生于完全不同的领域：气泡膜最初是一种新型的纹理壁纸，直到有人想到在运输过程中可以用它来保护货物；“弹弹环”（Slinky）原本是用于船舶上的一种稳定装置，后来有人把它撞翻、看到它“走”过桌面，于是一种新玩具诞生了……除非你敞开公司大门和思想去拥抱新的可能性，不然你永远不会知道有什么优秀产品正在门外等着而你却没有发现。

告诉创意团队你需要什么样的创意

在生意场上就像在生活中一样，你不能只是对人们说“去创新吧，想出一个奇妙的新想法再回来找我”，这会导致时间和资源被浪费，所产生的却只是一大堆你的公司不需要或不能用的想法。

相反地，你要给你的创意团队一个指令——一个关于你正在寻找的想法的方向。以《魔幻森林》的创作为例，尚帕涅获得的指令很宽泛，但有助于他思考该剧到底应该是什么样子：盖伊想要一个完全不同的故事，与太阳马戏以往所有的演出剧目都不一样。他也不想重复以前剧作中的杂技动作，所以他让手下的创作团队招募新人，以期能够提供一些完全不同的东西。

经过一番思考，尚帕涅想出了一个点子：太阳马戏的杂技表演通常与飞行有关，这次搞一个关于坠落的故事怎么样？尚帕涅小时候曾从树上摔下来摔断了腿，好几个月都不能走路。那次经历相当痛苦。把伊卡洛斯[①]的神话重新演绎一下怎么样？就以这个鲁莽的年轻人落到地球上作为开场好了。

允许创作自由，但要监督创作过程

创作总监安德鲁·沃森（Andrew Watson）和制作总监斯蒂芬·蒙高（Stephane Mongeau）都很喜欢这个主意，盖伊也同意了。尚帕涅的故事有他个人的意义在里面，他们喜欢的正是这一点，尽管他们也知道一切都取决于如何执行。

考虑到盖伊的艺术天赋、个人魅力和强硬观点，我对他给予团队的创作自由感到惊讶。领导者从一开始就将他们的愿景强加给一个项目的事例并不罕见，但在太阳马戏情况则完全相反。在聘用了尚帕涅之后，盖伊便退到一边，让尚帕涅尽情发挥自己的想法。

这对我来说是一个很大的收获，证实了我从 TVA 的工作经历中领会到的一个观点：对于人才来说非常重要的一点，是知道自己可以在不受上层干扰的情况下创造和实现梦想。管理层必须明白，自身的存在是为了服

① 伊卡洛斯（Icarus）是希腊神话中工匠发明家第达罗斯（Daedalus）之子。第达罗斯为逃出克里特岛，用鸟羽和蜡制作出翅膀，与儿子伊卡洛斯一起飞上天空。但伊卡洛斯因过于兴奋飞得太高，致使翅膀上的蜡被太阳融化，羽毛散落，结果坠海而死。后人常以伊卡洛斯的故事代表人类对飞行的梦想。——译者注

务创造者，而不是反过来。

也就是说，创意团队在开发一部新剧时，必须遵循一定的规范。对巡回演出剧目来说，它通常分为两个半场，每个半场 50 分钟，中间有幕间休息；每个半场包含 5 ～ 6 幕，我们称之为该剧的“杂技骨架”（这个词其实不是很恰当，因为每一幕中并非都是杂技表演，其中还夹杂着舞蹈、杂耍或小丑表演）。

在设计表演的过程中，导演组织起一个由各类专家组成的创意团队，其中包括布景设计师、服装设计师、作曲家、舞蹈编导、灯光设计师、音响设计师等，大约有 20 人。他们立即开始头脑风暴，并定期碰头讨论进展情况。为了寻找世界上最好的艺术家和运动员，他们通过一个精心设计的选角程序来招聘演出人员，这个内容我将在后面的章节中详述。演出人员到达我们在蒙特利尔的训练场所后，要接受几个月的训练，以学习他们的表演内容、熟悉他们的角色，并学习某些特定的技能，比如如何化装。

在剧目筹备过程中，从导演到演职人员，每个人都在更具艺术性地表现自己方面有很大的自由度。这是对任何公司都适用的、激励员工积极参与工作的最佳方式。这种方式会让员工觉得他们不仅仅是在服从命令，同时也是在用自己的创意为工作烙上个人印记。这就是为什么观众对我们的作品如此痴迷的一个重要原因。当数十名才华横溢、专心致志的艺术家齐聚一堂充分释放自己的创意时，必将产生不可思议的效果。

在商业环境中，给予团队创意自由并不意味着你在产品完成、准备提供给客户之前对其一无所知，那样做会导致灾难性的后果。解决方案是定期对创作过程进行监督，以确保产品适销对路、与品牌保持一致，并有足够的原创性，从而保持公司作为行业创新领导者的地位。

在关注《魔幻森林》开发的过程中，我对太阳马戏在作品开发的不同阶段所设置的“检查点”产生了兴趣。所谓“检查点”，是盖伊观看每一幕演出并回顾整个“杂技骨架”的节点，看看哪些部分产生了效果，哪些部分需要修改。开发伊始是每个月检查一次；首场演出前 3 个月，每两周检查一次；在开幕夜之前几周，剧组转移到大帐篷里面进行彩排，这时是每两天检查一次；到了最后一周，则是每晚都要检查。

在评估一个作品的进程时，节奏非常重要。作品开场应该强劲有力，深深吸引住观众——要让他们直起腰来大喊“哇！”。接下来的内容要稍微缓和一些，因为观众会因肾上腺素的持续激增而精疲力尽。它可能会是一出小丑表演，剧组则趁这段时间准备下一幕的演出。小丑表演在任何演出中都是最难的部分，因为它在很大程度上依赖于与观众的互动，而这直到排练过程接近尾声，即剧组进入大帐篷里彩排时才可能实现。上半场的结束和全场演出的结尾都要震撼，要让观众情不自禁地大喊“哇！”。

在排演《魔幻森林》的过程中，可以很明显地看出这出剧目关系重大。为了证明太阳马戏可以走出弗朗哥·德拉根的影子，尚帕涅和其创作领导团队以及全体演职人员，都承受了巨大的压力。他们知道，盖伊不会接受任何半吊子的东西。

在某次检查中，盖伊第一次看到了尚帕涅团队创造的一种名为“多人空中飞人吊架”的新装置。这是一个高大的长方形结构，看起来像一个巨大的攀爬架，演出时，6 名表演者伴随着音乐攀爬上去并悬挂在栏杆上。

“我一点也不喜欢这段表演。”盖伊看完后说。在工作室里，创作团队聚集到他身边，听他说道：“我们看不到演员们的全身。这个装置看起来像一堆废铁。装置里不是有一两个人，而是有 6 个！我可不会让 6 个人在一起表演，除非它能打动我让我喊‘哇’。”

但他没有当场扼杀这段内容，而是给了团队一次机会。我发现这个策略很有趣。很多次，在看完排练后我会对盖伊说：“这段内容不行！”他则会说：“我知道，但得给他们一个机会。如果一两周后还是不行，我们就毙了它。但首先，我想给他们一个机会来向我证明他们是对的，而我错了。”如果团队成功地将其救活了，盖伊则会以足够包容的心态来保留它。而如果一个新内容没有致命的缺陷，但需要更多的时间来打磨，盖伊也能一眼就看出来。

回到多人空中飞人这个案例。创作团队在接下来的检查时点又尝试了一次，效果还是不行，然后这段表演就被废掉了。3 个月来，演员们全身心地投入到这套表演中，听了这个消息，他们很崩溃。但有些人能理解盖伊。“事实上，我能理解。”巴西空中飞人演员拉奎尔 · 卡罗 · 奥利维拉（Raquel Karro Oliveira）说：“如果我把自己当成一个观众，我基本上会同意他的观点。”

盖伊要求创意团队开发新的杂技表演，多人空中飞人是一个勇敢的尝试。尚帕涅和其团队对“绑带表演”的创新，运气更好一些。这是一种空中杂技形式，表演者将绑带缠绕在手掌和手腕上，在空中一边翱翔，一边做出旋转、翻滚和其他各种令人惊叹的动作。这种表演通常由单人进行，而此次的创新点在于选用了一对同卵双胞胎——英国体操运动员凯文 · 阿瑟顿（Kevin Atherton）和安德鲁 · 阿瑟顿（Andrew Atherton）。

引进阿瑟顿兄弟对每个人来说都是一个巨大的调整。虽然兄弟俩经常在体操比赛中相互竞争，但他们从未一起参加过马戏表演。现在，他们必须在没有安全网的情况下，在舞台和观众上方的高空中飞行时抓住对方。

而且，太阳马戏以前也从未试过双人绑带表演。尚帕涅和他的团队首先要求这对双胞胎展示自己的空中技巧，然后告诉尚帕涅和他的团队最喜欢的动作是哪几个，让兄弟俩自己设计动作套路，看到结果后教练和导演们再提出调整建议。在接下来的几个月里，他们不知疲倦地修改和完善这套动作，最终拿出了一个绝对壮观的 7 分钟表演。

把好的表演保留下来，不好的剔除出去，确保剧目创作保持在正确的轨道上，按时间表和预算进行，至此，整个剧目的监制任务已然完成。然而在太阳马戏内部仍然有一些怀疑的声音，认为《魔幻森林》永远达不到德拉根导演的剧作的水平。但是我对自己看到的一切感觉很好。几个月后，这部剧作的水平似乎离盖伊的要求——创作一部一眼看去就知道是属于太阳马戏的作品，同时要确保 100% 的原创性、独特性和震撼性——更近了。

为客户着想，要听客户自己说

观看阿瑟顿兄弟的排练——他们在我头上的高空中飞翔，时分时合，我觉得自己不再是正在工作的太阳马戏高管人员，而是突然间变成了一名观众，被眼前所见的一切惊得目瞪口呆。

这一经验适用于每个领导者：**要站在顾客的角度看问题（但不要止步于此）；绝对不要从其他角度看待你的产品。**在排练场里，我轻而易举地就变成了一名观众。事实上，我无法抗拒伟大的阿瑟顿兄弟的魅力——即使我想抗拒也抗拒不了。

最终，我意识到，我对一部作品的看法如何并不重要，重要的是观众们的看法。这就是为什么在巡回演出的间歇，我喜欢躲进人群中偷听他们谈话的原因。这是我遇到过的市场调查的最好方式：听一下人们对这部剧作的评论即可，听听他们是喜欢还是不喜欢它。这是另一种站在顾客角度看问题的方式。

不要将传统的管理方式强加于一个创意组织

在一次检查中，盖伊认为第二幕的节奏太慢，需要增加一些博人眼球的东西。于是尚帕涅去了选角部，看了几个候选人的简历和视频后，说："请给他们打电话，看看谁有空。"

这似乎是正常创作过程中的一部分，但那时已经是 2002 年 4 月中旬了，离我们在蒙特利尔的首演仅剩 3 天！

我简直不敢相信。开幕夜前 72 小时？！我真的有点慌了，我不习惯这样，一点也不习惯。在传统企业中，你会仔细制订一个计划，然后坚持下去，你不会在把产品推向市场前 3 天时彻底改造它！

我开始意识到，举办一场现场演出与制造零件完全不同。从一次排练到下一次排练，期间有太多的人为变量会发生变化。所以，只有到创作进行了很长一段时间之后，你才能知道所有的表演是如何融合到一起的，才会明白它们将引发观众什么样的情感反应。我们的巡回演出尤其如此——根据演出的复杂程度，直到开幕前 3 ～ 6 个月，我们才会搬到大帐篷里进行排练。

不过在另一方面，修补太多也有风险。即使是微小的变化也会改变表演的流程和各幕之间的微妙平衡。因此，任何“手术”都必须慎之又慎。

几个小时后，尚帕涅选定了一个名叫奥克塔维奥·阿莱格里亚（Octavio Alegria）的墨西哥杂耍演员，但他要两天后才能赶到蒙特利尔。这样一来，我们只剩下一天排练时间了。我们看过阿莱格里亚的杂耍表演视频，他也倍受推崇，用太阳马戏的话来说就是他“已经准备好了”。尽管如此，我还是对此事感到非常惊讶——因为第二天就是首演日了！

随着最后彩排的临近，我感到非常紧张。排练进行得既顺利又专业，我的情绪很快就难以置信地转变成了感激。在开幕的那天晚上，阿莱格里亚开始表演他那奇迹般的特技，他不停地将保龄球瓶、足球、墨西哥宽边帽和乒乓球抛向空中，然后用手、脚和头接住它们。有一幕场景让人目瞪口呆：他嘴里叼着四五个乒乓球，把它们一个接一个地吐向空中，然后又接住。我再次变成一个目瞪口呆的看客：“他到底是怎么做到的？！”在惊心动魄的最后一幕，他把几顶宽边帽高高地抛向空中，然后一顶顶接住，在最后一顶帽子落地之前的一瞬间，他纵身跃过地板把它抓在了手里。

那天晚上，全体观众起立为我们的英雄鼓掌。以后的每天晚上也都是如此。

经历了这样一场令人心悸的事件后，像我这样的新高管如果召开紧急会议，提议彻底改革工作方式也是合情合理的。我本可以制定详尽的程序，以便尽早发现问题，保证此类情况不再发生。但在这里待了一年多之后，我有了更深入的了解。我的任务是适应太阳马戏那不同寻常的文化，而不是让它来适应我。我有什么资格来告诉太阳马戏该怎么举办演出呢？

我意识到，试图把传统的管理方式强加给太阳马戏将会是一场灾难。在这里，“官僚主义”是一个肮脏的词语。大家都抱着“演出必须继续”的心态，始终如一地专注于实现这一目标。没有人坐在那里写会议记录、琢磨新的政策条款，那只会拖慢大家的工作。我意识到，**许多官僚作风根深蒂固的公司（包括我曾经工作过的一些公司），如果能够像太阳马戏这样冷静、快速地应对危机，将会受益无穷。**

首演式结束后，盖伊欣喜若狂：我们又有了一部新的热门剧目。用不了几年，全球就会有 600 万人看过《魔幻森林》。更重要的是，我们证明了太阳马戏可以借助多个导演的力量来发展壮大。“丹尼尔，我们再也不会被某一个导演挟持了！”盖伊说，“现在我们将真正地独立，掌握自己的未来。”

未来不是建立在分散我们注意力的多元化项目上，而是建立在开创性的新剧作和向全球新市场扩张的基础上。虽然当时我们俩都没有认识到这一点，但我们实际上已经站在了太阳马戏的新时代的开端。

重视有争议的话题

《魔幻森林》一上演，我的精力马上又转到了下一个项目上，那是一部正在开发的驻场演出剧作。在 2003 年 9 月上演之前，我们要完成这部剧作的创作，并监督建造设在拉斯韦加斯纽约—纽约赌场酒店的剧场。我们只有不到 18 个月的时间。

盖伊对这部剧作的要求可以用一个词来概括：性感。当然，拉斯韦加斯有着历史悠久、种类繁多的成人娱乐，但当时还没有高雅的、艺术性的、卡巴莱[①]风格的表演。盖伊觉得时机已到。在过去的 10 年里，拉斯韦加斯已经从不那么体面的城市，发展成集餐饮、购物和娱乐为一体的旅游胜地。1993 年，当太阳马戏在那里开始第一场演出《神秘》时，赌博业占了拉斯韦加斯营业收入的 85%；而在接下来的近 30 年时间里，这个数字下降到了 35%。这一变化与太阳马戏有很大关系。到 2020 年，我们已成为该市最大的现场娱乐公司，票房占所有大型戏剧演出的一半左右。

我们的新剧作叫《人类动物园》（这是由“动物园”和“人类”两个词组成的新词）。它对太阳马戏来说是一次巨大的冒险，因为我们之前所有的剧作都是合家欢类型的。但盖伊无法抗拒这种创造性的挑战，也无法抗拒这个证明太阳马戏的每一出新剧作都不会只是上一出翻版的机会。我们签下了一位我们认为堪称完美的导演——菲利普・德库夫（Philippe Decouflé）。他是法国的一位舞蹈编导、舞蹈家、哑剧演员和戏剧导演，曾导演过 1992 年法国阿尔贝维尔冬奥会开幕式和在巴黎举行的卡巴莱表演。在宣传过程中，《人类动物园》被称为“太阳马戏的另一面”，其特色是将歌曲、舞蹈、杂技和喜剧融为一体，严格规定只限成人观看。

我很快就知道，创作一部主题如此有争议的剧作是多么困难。生活中有一些特定的主题，比如政治、宗教、种族等，会引发非常强烈的反

① 一种歌厅式音乐剧，纯粹通过歌曲与观众分享故事和感受。——译者注

应，几乎不可能让人们取得共识。无论是对于坐在拉斯韦加斯的剧场里的 1 200 名观众，还是对于创意团队自身的成员，情况都是如此。

我们的检查流程从演出一开始就发现了问题：德库夫和其团队制作的内容比盖伊设想的要黑暗和混乱得多。有时候，导演们可以通过做出一些调整来解决此类问题。但也有时候他们只专注于自己的愿景，而不去做必要的修改，这一次就是如此。这怨不得任何人；德库夫只是不适合执导这个特定的项目而已。后来他导演太阳马戏的另外两部剧作就很合适，大获成功：2011 年在洛杉矶推出的驻场演出《彩虹女神》（*Iris*）和 2016 年在纽约推出的《情人》（*Paramour*，3 年后该剧又转到了德国汉堡演出）。

2002 年 8 月，我们宣布迎来一位新导演：来自魁北克的演员、剧作家和戏剧导演雷内 · 理查德 · 西尔（René Richard Cyr）。

但西尔也是有心无力，他无法为这种容易引发动荡的主题找到合适的基调。那时我已经在太阳马戏工作了近两年，从未见过公司如此迷茫。到 2003 年夏天，也就是离该剧首演只剩几个月时，我们的合作伙伴美高梅国际度假酒店集团开始紧张，它期待我们能为它的剧场带来一部空前热门的剧作。“也许《魔幻森林》能够成功只是因为我们运气好。”公司内部的一些人私下嘀咕，“也许聘请外部导演根本就不是个好主意。”

了解自己的品牌

为了挽救这部作品，我们找来了多米尼克 · 尚帕涅。这不仅是因为他在制作《魔幻森林》的过程中已经熟悉了太阳马戏的创作过程，也因为他与西尔是好朋友。也许他俩可以一起来搞定这部剧。经过反复几次商讨，他们同意了。

我投入了大量的时间来了解太阳马戏的文化和运营方式，这使得我发表自己的意见时很有可信度。人们知道我不是什么万事通，不能在上班第一天就跳出来告诉别人该做什么。没错，**在专业场合表现自信固然是好事，但更重要的是，在开口之前你得知道自己要说什么。**

不断拓展创意的边界

太阳马戏与美高梅的协议是：如果我们可以在美高梅公司位于拉斯韦加斯的另一处资产上创作一部规模更大、更昂贵的剧作，就同意美高梅的要求，为其办一场中等规模的演出。所以，致力于另一个令人兴奋的新项目。美高梅希望为其旗舰店美高梅大酒店打造一出大型、华丽的常驻演出剧目。美高梅大酒店于 1993 年开业，拥有近 7 000 间客房，是当时世界上最大的酒店综合体。就像为百乐宫赌场酒店创作了 *O* 一样，我们的任务是为美高梅大酒店创作一部有标志性和持久性的剧作。

我们通过推出更多新剧目来推动公司发展的策略也带来了挑战：每一部新作品都必须与其他作品截然不同。不然的话，还创作新作品干什么呢？特别是在拉斯韦加斯这个地方，一出与以前太过相似的新剧作，只会蚕食我们现有剧作的票房。所以我们不得不突破创意的极限，将其边界推得比以前更远。这意味着要聘请具有独特视野的导演，以及能够带领我们进入令人兴奋甚至可能是危险的新领域的艺术家。

在讨论美高梅大酒店的新剧作时，一个词不断出现：史诗。盖伊一直痴迷于武术，他想要一个宏大、激动人心的故事，其中包含很多打斗场面。

太阳马戏的剧作往往侧重于壮观场面，而不太重视故事情节，这一次，我们想要用一条戏剧性的故事线来吸引观众，然后用杂技表演征服他们。

盖伊认为，执行这一任务的最佳导演非罗伯特・勒帕吉莫属。勒帕吉是魁北克地区杰出的剧作家、演员、舞台剧和电影导演，他创作过的备受赞誉的歌剧具有我们想要的那种史诗感。与勒帕吉第一次会面时，我们已经有了一些宏大而独特的设想，但他的提议仍超越了我们的想象。

他说："我的想法是，不要舞台。"大家先是沉默，然后发出紧张的笑声。"又来了。"有人说了一句。

"不要舞台！"勒帕吉说，"只有一片空旷，然后一个巨大的移动平台从黑暗中升起。这个平台可以180度翻转，水平地和垂直地旋转；可以消失在某处，然后又突然出现。整个演出的大部分动作都将在几个这样的平台上进行——杂技演员和武术家们上下攀爬，互相打斗，然后掉入下面的深渊，诸如此类。"

有人问道："这种技术目前存在吗？""不，不存在。"勒帕吉说，"这不是很好吗？我们来把它发明出来！"

这事如果放在以前，我会建议他去看心理医生。但此时此刻，我把它看成是自己在适应太阳马戏的文化方面取得进展的一个标志，于是我立刻对他的想法产生了兴趣，并开始思考如何实现他的愿景。

盖伊听得眼睛都不眨一下，我一点也不感到奇怪。"太棒了！"他说，"让我们看看我们能不能做成这件事！"

这部剧作后来被命名为“KÀ”（这是古埃及语，意为“超越死亡而幸存下来的人类精神”），其制作过程有多么艰巨，怎么形容都不为过。创造勒帕吉的移动舞台最终花了 3 年多的时间，耗资 2 亿美元，把几支优秀的工程师团队都快逼疯了。他们必须找到一个办法来使用大型液压升降机，即船舶用来装卸货物的那种，并为我们的演出重新设计它们的用途。最终，剧场内建起了两个巨大的移动平台，其中一个看起来就像电影《2001：太空漫游》中的神秘巨石；此外还有 5 部小一点的电梯，似乎飘浮在一个无边无际的空间之中。

当我们开始编排在这两个移动平台上演出的动作时，我感到非常兴奋，并不禁想知道每天到底有多少革命性的想法会被各家公司错过，只因它们缺乏想象力或勇气去尝试那些看似不可能的项目。即便是获得了巨大的成功之后，很多公司也会变得过于谨慎，因害怕去冒更多的险而浪费了自己的成功。但史蒂夫·乔布斯这样的创新者，证明了还有另外的道路存在。在用 Mac 电脑、iPod 和 iPad 一次又一次地改变世界之后，他也并没有满足，所以后来他又推出了翻天覆地的 iPhone。埃隆·马斯克是另一个势不可当的先驱——他不满足于仅仅用特斯拉汽车推动整个汽车行业向电动车转变，还力图通过 SpaceX 火箭飞船公司带人类登陆火星。

让这些领导者从一开始就与众不同的，不仅仅是他们敢于大胆梦想，他们还深谙现代商业的一个基本真理：他们公司的未来依赖于扶持这些梦想并将其变为现实。这也是太阳马戏看待自己业务的方式——从一个每家公司都可以问自己的问题开始：今天我能把创意的边界扩展到多远？

应对创意引发的不确定性

我的意思并不是说飞向太空很容易。为 *KÀ* 的演出搭建可移动舞台是一项非同寻常的挑战，以前任何一家演艺公司都未曾尝试过，因此不可避免地造成了成本超支，并且开幕时间也一拖再拖。盖伊和我花了大量时间，向美高梅的合作伙伴们解释这部作品为什么如此昂贵、首演日期为什么一再推迟。

有一次，美高梅大酒店的首席执行官约翰 · 雷德蒙（John Redmond）非常担忧 *KÀ* 的进展情况，于是安排了一次视频会议与盖伊和我讨论此事。“你们打算什么时候开始演出？”他问道。这已经不是他第一次这么问了。

“什么时候准备好就什么时候开始。”盖伊回答。雷德蒙问：“你能说得稍微准确一点吗？”

“不能。”盖伊说，“我们在技术上还有一些问题，我希望在向公众开放之前确保它能完美运行。”

“好吧，请随时通知我，因为我这边的压力很大。”雷德蒙提醒我们，酒店里已经开了一大批高档餐厅，其中一些还是请来名厨开的。没有我们的演出吸引观众前来，空荡荡的餐桌看起来一片凄凉。

通话结束了，没有出现大喊大叫等戏剧性的场面，我们与美高梅的关系一直是友好、相互尊重的。但信息很清楚地传达到了：我们的合作伙伴每月损失数百万美元，而剧场仍无法营业；所以这个疯狂的舞台创意一定要成功才行。

所有的创意企业都存在不确定性因素，这在商业环境中会产生巨大的压力。如何应对这种压力？我发现，看盖伊的反应很有启发。尤其是在我所想起的这样一个特别的夜晚。那时，*KÀ* 终于发布了预演公告，但仍然有很多问题需要解决。开演之前，观众们涌进剧场，发现本来应该是舞台的地方只有一个空荡荡的大坑，烟雾从深处升起，响起的音乐令人毛骨悚然。这样做的目的，是在演出开始前营造出一种不祥但依然令人兴奋的感觉——我确实产生了这种感觉，因为我知道，这些实验性的移动平台能否稳定地运行依然是个未知数。

那天晚上，演员和工作人员都很紧张，他们知道盖伊和我坐在观众席上。演出开场很好，但大约半个小时后，舞台移动不了了，演员们撤了下去。在漫长的等待之后，广播里宣布：“很抱歉，由于技术问题，今晚的演出取消了。请各位观众到售票处退票。”看到我失望的样子，盖伊耸了耸肩说：“习惯就好了。*O* 开始演出的时候，这种情况发生了大约 20 次。”

然后盖伊把制作经理叫过来，说：“叫上所有的管理人员、制作人和创意团队，我们一起出去吃饭。”

当所有人到达餐厅后，大家都觉得盖伊会对他们大吼大叫，甚至会开除他们。但盖伊没有那样做，反而说：“我可以告诉大家，你们都需要喝一杯。你们太紧张了，放松一下吧。我们一起吃饭，我希望你们想喝多少酒就喝多少酒。然后你们都回去睡觉，明天都睡个懒觉，因为明天早上我不想在剧场里见到任何人。明天的彩排取消，让技术人员把问题解决掉。大家下午再过来，在明晚演出前把这玩意搞定。这一点才是重要的：只管演好这场演出，别担心那些可恶的技术问题。”

大家相互看了看，微微一笑，然后一起吃了一顿愉快、轻松的晚餐。这是关于领导力的伟大一课。玩笑的背后是一个严肃的目的：盖伊是在让他的团队知道，他对他们有信心；是在帮助他们相信，技术最终会奏效，演出不会出现问题。

第二天，大家到达剧场时都精神百倍、自信、乐观。经过多次修整，移动平台开始发挥作用，我们利用剩下的预演时间为正式的开幕之夜做好了准备。

当 *KÀ* 在 2004 年 11 月 12 日首演时，所有的评论都是一片赞誉之声。我们创造了太阳马戏第一部具有引人入胜的故事、令人惊叹的技术手段，以及一流的杂技和武术表演的剧作，因此而备受称赞。《洛杉矶时报》称，这部剧“可能是西方戏剧史上最奢华的一部作品。它采用的技术无疑是最先进的”。

那一夜之后，*KÀ* 成为太阳马戏最赚钱的产品之一。我们的竞争对手之一 Live Nation 公司的首席执行官迈克尔·拉皮诺（Michael Rapino）说得很好：“丹尼尔，以前我从来没有看过这样的演出，相信以后我也永远不会再看到这样的演出。只有你们这些家伙才会疯狂到创造出这么宏大、这么复杂的东西，可以日复一日地上演。”

到那时，我在太阳马戏工作已经快 4 年了。我已经了解了这家公司，融入了它的文化，找到了自己的位置，并开始坚持自己的立场。很快，轮到我对这家我日渐喜爱的公司产生重大影响了。

BALANCING ACTS

太阳马戏的创意管理

- 要想真正具有创意，需要一个具有创造性的环境，一个即使是在员工之间最简单的非正式交流中也鼓励创新的环境。
- 任何创意企业的管理者都应该推动每个人去探索每一种可能的途径，以便把一个新想法（即便是一个疯狂的想法）变成现实。
- 如果项目很重要，并且你的立场也有理有据，那么只捡老板喜欢听的话说没有任何好处。
- 要想在一个有创意的环境中发展，一定得放弃销售式的言谈。
- 管理层必须明白，自身的存在是为了服务创造者，而不是反过来。
- 在剧目筹备过程中，从导演到演职人员，每个人都在更具艺术性地表现自己方面有很大的自由度。这种方式会让员工觉得他们不仅仅是在服从命令，同时也是在用自己的创意为工作烙上个人印记。

BALANCING ACTS

第3章

创造性合作需要尊重和信任彼此的专长

每家公司都能找到新颖独到的
方式来展示自己的独创性，
拉近与合作伙伴的距离。

BALANCING
ACTS

加入太阳马戏之前，我从来没想过商务社交可以是一种创造性的行为。与大多数高管一样，我认为打一场高尔夫球就是与办公室以外的人建立联系的最好方式，是开始合作前随便了解一下他们的时机。我从来都没有想过盖伊所做的事：举办一场盛大、疯狂的派对。

没错，就是“盛大”。入职后不久，我查看了公司的资产负债表，发现有一笔巨大的支出——100 万美元。盖伊每年都用这笔巨款，在他那座位于蒙特利尔附近的湖边豪宅里举办一场盛大的狂欢，以庆祝他最喜欢的活动之一——一级方程式赛车加拿大大奖赛。此前一年，当我还在 TVA 电视台工作的时候，曾参加过他的派对。没错，我那时觉得派对很有趣。但现在我成了太阳马戏的高管，在我看来这简直是浪费钱的荒唐事。“它与我们的工作到底有什么关系？”我问盖伊。

“它就相当于是我的高尔夫球场。”他回答说。看到我不太相信，盖伊露出狡黠的笑容：“来参加今年的派对吧，然后再告诉我你的想法。”

用创造性的方式展示你的工作

2001年6月的一个周日下午，就在一级方程式赛车刚刚结束时，我来到了盖伊的大宅里。他的派对早已成为娱乐界的传奇，来到这里我才回想起个中原因。上千人从正门涌入，穿过厨房，最后来到他那巨大的后院里。整个场地被精心布置成美丽的景观，有各种定制的插花、一个巨大的藤架，还有数尊佛像。在一棵树下，一支19人的管弦乐队正演奏着听起来像19世纪欧洲马戏团音乐的乐曲。派对使用的音响系统和精致的灯光都是一流的；供应的食物和饮料也都极其精致，由60名侍者在现场端来送去。社会各界人士齐聚一堂，从部长到赛车手，什么人都有。一年前，好莱坞巨星罗伯特·德尼罗（Robert De Niro）在蒙特利尔拍摄犯罪惊悚片《得分》时，也曾来这里参加过派对。

太阳马戏的创始人所安排的娱乐活动与你想象的一样精彩：一名女子坐在威尼斯小艇上，唱着歌剧穿过盖伊的私家湖泊；杂技演员展示着令人难以置信的特技，其中包括中国艺术家们的爬长杆表演。有一次，盖伊在一个高高的平台上现身，在观众们的欢呼声中表演了他以前拿手的喷火节目。

与其他客人接触之后，我开始明白盖伊组织派对的原因了。一年前，我几乎谁都不认识。这一次，我结识了几十位与公司有往来的人，并与他们畅谈。这些人包括金融家、赞助人、经纪人、政客、娱乐圈人士，以及其他各行各业的人。这是一张能帮助太阳马戏完成其使命的全球关系网。“每个来参加派对的人感觉都非常好，玩得非常高兴。”盖伊说，“之后再想与他们打交道就容易多了。”

现在我逐渐明白了，并意识到我必须对做生意的不同方式持开放态度。没错，办一场派对确实要花不少钱，但实际上它是一种实现我们目标的更有效的方式，比简单地打打高尔夫球或在餐馆见见面吃吃饭更有效。盖伊安排的庆典活动是一个展示太阳马戏的新节目、新布景、新演员和新技术的平台。同时，在活动中也可以拉近合作伙伴与我们之间的距离。

当然，大多数公司不会举办这样的派对。但每家公司都能找到新颖独到的方式来展示自己的独创性，以吸引潜在的买家或合作伙伴。比如史蒂夫·乔布斯，他就是一位新产品演示大师，能让媒体、行业领袖和公众对他的最新产品陷入近乎痴狂的状态。汽车制造商们也已成为新车型发布仪式的专家，能通过精彩纷呈的节目，给人们带来兴奋和好感。**无论从事何种行业，你都有很多机会找到创造性的方式来展示自己的工作并建立重要的关系。**

当太阳马戏遇到披头士

然而，真正让我相信这个年度派对是一个天才创意的，是盖伊告诉我的发生在前一年的事情。那一次，乔治·哈里森出现在派对上。

盖伊认识这位前披头士乐队的成员，但也仅仅是认识而已，因为他们都热爱一级方程式赛车。在世界各地的比赛会场相遇时，他们会寒暄几句，但此外再无更多接触。直到 2000 年 6 月，在蒙特利尔的比赛结束后，一个与他俩都熟的朋友邀请乔治·哈里森参加盖伊的派对。这位传奇的音乐家身体不是很好，几年前他被诊断出患有喉癌；6 个月前他又在伦敦的家中被一名疯狂的入侵者连刺很多刀，这严重地影响了他的康复。但他勇敢地想要走出去，他和盖伊的共同朋友保罗·斯图尔特（Paul Stewart）

是一名前赛车手，也是传奇的一级方程式冠军杰基 · 斯图尔特（Jackie Stewart）的儿子。保罗 · 斯图尔特最终说服了乔治 · 哈里森参加派对，“去喝杯鸡尾酒，待上个把小时就行。”他说。

那天晚上我没有看到乔治 · 哈里森，参加派对的人太多了，此外我也不知道他会来。不过后来盖伊告诉我，乔治 · 哈里森一到现场就被眼前的景象迷住了。“我永远不会忘记他走进我的神奇花园时脸上的表情，”盖伊后来对我说，“就像他进入了一片被施了魔法的森林一样。”

乔治 · 哈里森对树下那支管弦乐队演奏的音乐尤其感兴趣。这支名为 Fanfare Pourpour 的乐队演奏的是难以归类的原创曲调，灵感来自费德里科 · 费里尼（Federico Fellini）、库尔特 · 魏尔（Kurt Weill）等人，以及爵士乐和世界音乐。盖伊十几岁的时候就在蒙特利尔认识了这些音乐人。演奏结束后，乔治 · 哈里森走到乐队跟前对他们说：“这是多年来我听过的最好的音乐。”认出这张著名的脸后，音乐家们都惊呆了，一时间他们不知所措，只用法语说了一句“谢谢”。

据说，那天晚上剩下的时间里，乔治 · 哈里森一直与这支乐队待在一起。喝了一点香槟后，微有醉意的他悄悄走到手风琴演奏者卢 · 巴宾（Lou Babin）身边，在她的乐器键盘上轻轻弹奏了不知道属于哪首曲子的几个音符，还跟着哼唱了起来。巴宾微笑着让他弹奏，欣赏着他的热情和顽皮。

天亮后，在离开之前，乔治 · 哈里森告诉盖伊：“这是我一生中最美好的时光之一。谢谢你与我分享你的神奇花园。我想邀请你来看看我的神奇花园。下次你到伦敦时，请给我打电话，我想与你聊上一下午，然后一起吃晚饭。”

几个月后，盖伊趁着到英国出差的机会，前去乔治・哈里森的住所修士公园（Friar Park）拜访。那是一座 19 世纪的新哥特式豪宅，位于伦敦以西的泰晤士河畔亨利镇（Henley-on-Thames），离伦敦约一小时车程。他们俩花了好几个小时的时间，在这片面积约 25 公顷的土地上散步，观赏了这里的洞穴、石窟、地下通道，以及乔治・哈里森和妻子奥利维娅・哈里森精心照料的花园。那是乔治・哈里森的庇护所，盖伊说，是乔治・哈里森最感到平静的地方。

坐下来喝茶的时候，乔治・哈里森告诉盖伊，他看过几场太阳马戏的演出，非常喜欢。“我很欣赏你所做的一切，我们在创意方面似乎有很多共同点。”乔治・哈里森停顿了一下，接着说，“我知道我快不行了，不知道还剩下几年时间，但在走之前，我想用披头士乐队的音乐打造一个创意项目。你觉得太阳马戏愿意参与吗？”

这是不需要回答的问题。盖伊知道披头士乐队对他们的遗产的保护有多出名。在乐队解散后的 30 多年里，尽管全球各大娱乐公司多次提出请求，但他们的录制音乐和图像从未被授权用于现场演出。盖伊当然感兴趣。

直到他们谈话后的第二年，也就是我到太阳马戏工作之后，与披头士乐队对此事的认真讨论才开始。到那时我才完全领教了盖伊的派对的魔力，以及他如何把乏味的商务社交仪式成功地变成盛大的活动，从而把我们带到 20 世纪最伟大的音乐团体之一的门前。从这个意义来看，我们那 100 万美元花得非常值。

乔治・哈里森给盖伊打电话说“小伙子们下周将到伦敦”，之后不久，我就被带进了与披头士乐队一起制作演出剧目的复杂过程之中。乔治·哈里森说的“小伙子们”指的不仅仅是麦卡特尼和斯塔尔，还有约翰·列侬的遗孀——代表了列侬的精神的小野洋子。几个月来，乔治·哈里森一直试图将乐队成员召集到一起，与盖伊一起讨论他的想法——自披头士乐队痛苦地解体和 1980 年列侬去世之后，这几乎是一项不可能完成的任务。“如果小伙子们情绪还不错，”乔治·哈里森说，“我会请你过来，我们可以讨论一起做点什么。如果他们情绪不好，我们就出去喝杯啤酒。”

那段时间，我正在体会创造性过程的另一面：这个过程一开始是多么模糊不清，成功的可能性是多么的渺茫。一般情况下，我不会只是为了与潜在的商业伙伴喝杯啤酒，就大老远地飞到另一个国家。但现在，我生活中的一切都完全不同了，我非常期待这次冒险之旅。很快，盖伊和我就动身前往伦敦，我不知道我们是会进行一次终生难遇的会议，还是只会与乔治·哈里森一起到处逛逛。但无论是哪种情况，似乎都不虚此行。

在太阳马戏的联合创始人吉勒斯·斯特－克鲁瓦（如果这个项目能够启动，他将深度参与）的陪同下，盖伊和我以及公司其他几位高管一起坐上了盖伊那架宽敞的私人飞机。弗朗哥·德拉根仍对执导太阳马戏的演出持开放态度，他也准备在伦敦与我们会面，一起探讨这个项目。我们似乎达成了一致意见：既然我们已经踏上了门槛，我们就必须竭尽全力把门推开！

通常，在这样跨大西洋飞行的途中，我们会吃点东西，喝杯酒，然后休息一下。但这一次我们都兴奋得睡不着。我们讨论了好几个小时：如果真能见面，我们该如何向披头士乐队展示自己？他们会是什么态度？我们该怎么说？我们最担心的是双方能否发生良好的化学反应。太阳马戏内部有一些人从头到尾都在反对与披头士合作的想法，其理由主要是我们从来没有用整场演出来表演单一艺术家的作品。他们担心披头士乐队会控制全局，而我们会失去让我们的演出变得伟大的那种魔力。果真有既尊重他们的品牌，又确保他们也尊重我们的品牌的两全之策吗？

飞机着陆后，我们在酒店的房间里继续商讨此事，德拉根也加入了讨论。不过在那个过程中，大家都没有真的在听别人说话。每个人都盯着电话机，等着乔治·哈里森的电话。

等待期间，我们确信已经通过了披头士乐队的一次重要考验。在盖伊的敦促下，乔治·哈里森夫妇曾把保罗·麦卡特尼和他当时的未婚妻希瑟·米尔斯（Heather Mills）带到了拉斯韦加斯 *O* 的演出现场。他们很喜欢那种梦幻、抽象的感觉，对我们的创意和天赋印象深刻。但盖伊知道，向他们推介太阳马戏只是完成了一半的任务。乔治·哈里森还有另一个目的，而它面临着巨大的障碍：他正在寻找一种方法，让披头士乐队的成员们重聚一堂，一起致力于打造一档有创造性的演出。

终于，电话响了。盖伊拿起电话，简短地说了几句，然后丢下听筒大喊道："成了！"我们跳上出租车，急匆匆地赶往文华东方酒店。酒店大厅里的场景看起来就像谍战电影，成群的安保人员蜂拥而至，通过耳机通信设备互相低语："太阳马戏的人来了。"

我们进入披头士乐队所在的酒店套房，简直有一种超现实的感觉。我居然来到了这里！加入公司还不到一年的我，像学生一样战战兢兢地与在世的三名披头士乐队的成员——保罗·麦卡特尼、林戈·斯塔尔和乔治·哈里森面对面坐在一起，他们三人逐一过来与我们握手。在场的还有小野洋

子和奥利维娅 · 哈里森。场面真是令人叹为观止。我做梦也没想到能参加这样的商务会谈。

作为这次活动的发起者，乔治 · 哈里森首先为大家做了介绍。他们每个人都与你想象中的差不多。所有披头士的粉丝都知道，乐队有一个明确的等级，早期的时候尤其如此——排名依次是列侬、麦卡特尼、乔治 · 哈里森、斯塔尔。列侬离开后，麦卡特尼肩负起了领导职责，而这一点在麦卡特尼被介绍到的时候你就能感觉得到。他是一个真正受人欢迎的人，希望每个人都能感觉良好。难怪他名气这么大！我心想。他开始热情洋溢地夸我们，告诉我们他多么喜欢我们的剧作、我们是多么有创意。讲到任何一个人，他都一句接一句地夸赞。很自然地，我们都爱上了麦卡特尼。

人称“安静的披头士”的乔治 · 哈里森则非常朴实，就像你隔壁的邻居一般。乐队解散后，他尽力过着平常人的生活。那天他在房间里主持会议时也是如此，完全就是一个普通人，与我们每一个人没什么两样。而斯塔尔就是斯塔尔：开始的时候有些拘谨，但后来就一个接一个地开起了玩笑。他很放松，也很随和，对麦卡特尼总是毕恭毕敬。后来我注意到，麦卡特尼高兴时斯塔尔也高兴。

奥利维娅 · 哈里森也在现场，因为乔治 · 哈里森身体不好，需要她照顾。除麦卡特尼外，她是最直言不讳的人，很坦诚地谈论她看过的太阳马戏的表演，她很有魅力。最安静的是小野洋子，她只是小声谈了几句太阳马戏的作品的艺术性，以及列侬如果在世会多么想参与这个项目，其余大部分时间里，她一直保持沉默。尽管小野洋子与在世的披头士成员之间有过一段不愉快的经历，但那天晚上我没有看到任何关系紧张的迹象。

有人告诉我，这可能是列侬去世后这群人第一次聚在一起开商务会议，这真是令人难以置信。作为披头士遗产的利益相关者，他们在做决策时必须不时地进行沟通。但这个过程从来都不容易。乐队的经纪公司苹果军团的首席执行官尼尔·阿斯皮诺尔（Neil Aspinall）曾这样解释乐队的组织原则："有点像倒置的民主主义。如果有一个人不同意，这事就黄了。并不是说三对一就可以通过。"

以这段历史为背景，我们结束了闲聊，斯塔尔开门见山地说："好吧，那么基调是什么？"盖伊当即接过话头说道："没有基调！你们是一股创造性力量，我们也是一股创造性力量。我们并肩携手，寻找一种方式来创造一部剧作。"

房间里一阵沉默，我立刻明白这是一个绝妙的策略。通过这种方式，盖伊一举将太阳马戏推到了与披头士同样的创作水平上。他没有预先设想某些东西并希望赢得他们的认可，而是提出以平等合作伙伴的身份一起来创造一些神奇的东西。**在任何商务谈判中，重要的是要认识到你有什么优势，并充分利用这种优势。**在这个案例中，我们的优势是我们在创意方面拥有极高的声誉。我们不想仅仅授权披头士使用我们的品牌，然后由他们发号施令。在为这个项目投入任何时间和金钱之前，盖伊想让他们明白，这必须是一个双方共享的创作过程。如果他们不能接受这一点，我们就准备撤了。

相信创作的过程

盖伊希望用一张空白的画布，吸引披头士与生俱来的艺术好奇心，很明显，这是一个明智之举。

斯塔尔似乎很吃惊，他转头对麦卡特尼说:“这真是一个很大的变化!”麦卡特尼在一张纸上画了一幅“漂泊者”，然后把画递给盖伊：“你们什么时候搞明白这幅画的含义并把它表演出来，我就加入！”

没有人确切地知道这幅画的含义，但我们认为这是一个令人鼓舞的迹象。握手道别的时候，我想我们所有人心里都明白，作为双方的首次见面，这已经是成功了：披头士的所有四名利益相关者都同意，我们可以与尼尔 · 阿斯皮诺尔联系，进一步探讨这个想法。

从那时起，我开始了与披头士乐队漫长的谈判之旅。在接下来的两年里，我与公司的首席财务官罗伯特 · 布莱恩（Robert Blain）一起，与阿斯皮诺尔进行复杂的会谈，试图达成一项具有历史意义的协议。

在第一次会面的过程中，披头士的成员们似乎已经直观地理解了在深入探讨之前不对项目进行定义的重要性。他们知道如何相信不确定的、混乱的、有时令人沮丧的创作过程——换句话说，相信神秘的魔幻之旅。“我们总是喜欢与有点疯狂的人合作。”麦卡特尼后来说，“因为我们就有点疯狂。艺术家们都有点疯狂。所以，正是同样的因素，吸引我们与太阳马戏合作。”

我们从伦敦回来时，太阳马戏的所有成员都很兴奋，我们的脑子里充满了各种可能性。可没过多久，悲剧发生了。乔治 · 哈里森住院进行手术，从肺部切除了一块肿瘤组织，不久之后又因脑瘤接受治疗。他开始进行放射治疗，但为时已晚。2001 年 11 月，乔治 · 哈里森在洛杉矶最后一次与麦卡特尼和斯塔尔会面，他们共度了几个小时，一边说笑一边回忆过去的时光。11 月 29 日，乔治 · 哈里森离开了人世，享年 58 岁。

听到这个消息，盖伊伤心欲绝。我也非常难受，尽管我与乔治・哈里森并不算很熟。我被邀请参加他的葬礼，尽管这只是一件小小的、不起眼的事情，却让我受宠若惊。奥利维娅・哈里森尽管极度悲伤，却依然表现得非常坚强，这也很让我触动。（为了不让人群和狗仔队失控，麦卡特尼和斯塔尔并没有到场。）后来我还参加了在伦敦的皇家阿尔伯特音乐厅为乔治・哈里森举办的音乐会，音乐指导是埃里克・帕特里克・克莱普顿①，音乐会非常感人。

情感可以推动项目向前发展

乔治・哈里森走了，盖伊和我以为披头士的冒险行动就此结束了。毕竟，这主意是乔治・哈里森定的，他是项目主要的推动者，是他让小野洋子和“小伙子们”重新走到一起，哪怕只是短暂的。然而，在他过世后的几个月里，很多奇迹般的事发生了。小野洋子、麦卡特尼和斯塔尔意识到他们比以往任何时候都更想做成这件事，想让乔治・哈里森的梦想成真。奥利维娅・哈里森一直强烈支持这个项目，她认为这是延续已故丈夫遗产的一种重要方式。

“我觉得乔治・哈里森对他的披头士伙伴们的遗愿是：‘让我们与太阳马戏一起做点什么吧；让我们把骰子掷出去，看看是什么结果。’”苹果军团公司的制作人乔纳森・克莱德（Jonathan Clyde）告诉我。克莱德很了解乔治・哈里森，在 20 世纪 70 年代早期他曾经营过乔治・哈里森的黑马唱片公司。“乔治・哈里森的想法很简单：‘太阳马戏在剧目制作方面非

---

① 埃里克・帕特里克・克莱普顿（Eric Patrick Clapton），英国吉他手、歌手及作曲家。他曾获得过十几次格莱美奖，是 20 世纪最成功的音乐家之一。——译者注

常出色，他们有宏大的想象力，所以为什么不尝试一下，把它与披头士的音乐结合起来呢？那将是一场精彩的演出。'"

那一刻让我意识到，在试图推动一个有价值的项目时，情感的力量是多么强大。无论是在体育、艺术，还是在个人抱负方面，只要找到经营项目中潜藏着的情感驱动力，就能释放出决定成败的强大能量流。

在主要的利益相关者全都参与进来之后，项目进入了下一个阶段：商业谈判。最艰难的部分，莫过于如何与不在乎钱的人谈判。我在之前的职业生涯中做过的大多数交易，最终都是为了钱而讨价还价，所以这一次是一种全新的体验。我们讨论的是艺术，而不是金钱，我们面临的主要问题是：怎样才能让披头士放心，相信我们不会破坏他们深厚的遗产？

显然，我不能像一个推销员一样去试图诱惑这些人。我不可能去哄骗或胁迫他们，无论如何，这不是我的风格。相反地，我必须相信从保罗·麦卡特尼给我们画"漂泊者"的那一刻所开始的创作过程。尽管毫无头绪，但我们必须相信，披头士和太阳马戏一定会找到一种合作的有效方式。

"我认为对太阳马戏和苹果军团来说，最大的挑战是我们都非常独立、成功，甚至我会说是'非常傲慢'。"克莱德后来笑着告诉我。此外还有很大的文化差异：苹果军团的英国商人们比较保守，不喜欢冲突，而太阳马戏的法裔加拿大人则比较张扬和热情。我们从完全相反的两个角度考虑这个项目：太阳马戏倾向于首先考虑表演的视觉效果，然后才是音乐；而披头士考虑的角度自然相反。

不要把你的观点强加给合作伙伴

正因为所有这些因素，苹果军团与太阳马戏在 2002 年初于蒙特利尔举行的第一次会议上爆发激烈的争吵也就不足为奇了。会议的前一晚，我在家里举办晚宴招待苹果军团的人。整晚的气氛都非常好。当大家告辞的时候，我送给客人们一张由我们的创意团队准备的 CD。之前，太阳马戏在演出中一直是使用现场演奏，所以我们就假定会有音乐家在舞台上。为了让我们的合作伙伴了解其效果，我们去了一家录音工作室，在披头士的几首录音作品里混入了一些蒙特利尔音乐家和歌手的演绎，并像俱乐部的 DJ 那样进行了节拍拼接，以使歌曲听起来更具现代感。

这是一个极大的错误。

在第二天的会议上，苹果军团的人以他们一贯的克制态度明确表示，听了这张 CD 之后，他们很不高兴。他们认为，太阳马戏显然并不理解或并不欣赏披头士的音乐，很难想象双方该怎样开展合作。（我很庆幸有一件事没被提起：生长在 20 世纪七八十年代的盖伊一直更喜欢齐柏林飞艇和深紫两支乐队，而不是披头士！）我们的客人对做一场致敬演出没有兴趣——因为已经有成百上千的乐队在做了。

阿斯皮诺尔说："毫无疑问，我们必须使用原声录音。"吉勒斯·斯特 - 克鲁瓦问道："你是什么意思？播放 CD 吗？"

"也不完全是。"阿斯皮诺尔回答。斯特 - 克鲁瓦追问："那你到底打算怎么使用原声录音呢？"阿斯皮诺尔耸了耸肩："我们也不知道。"

谈话僵住了，气氛非常紧张。苹果军团认为我们的 CD 嚣张而又专横，好像是在命令他们要怎样编排节目一样。站在他们的立场上想，如果苹果军团告诉我们该如何表演杂技，我也能想象出我们是什么反应！我们似乎忘记了与“小伙子们”第一次见面的经验：**早期讨论时如果过于执着于具体细节，可能会扼杀创意。**我们忘记了，双方正在进行的是一种平等关系下的开放式合作。

项目还没开始，我们就把与披头士合作的机会给搞砸了！至少看起来是这样的。幸运的是，我们的沟通渠道仍然畅通，盖伊和我还有机会挽回。由于双方以前都没有进行过此类合作，因此我们没有路线图可遵循。我们的问题似乎无法解决：我们想与披头士一起创造一部剧作，但他们显然不放心让我们来编排他们的音乐。

该怎么做呢？我们本可以尝试劝说他们信任我们，但这似乎注定是徒劳。于是，我们开始转向另一个不同的问题：他们会信任谁？

寻找创造性的方法来打破僵局

我忘了是谁先说出那个名字的，但最终，盖伊和我想出了唯一有可能的一个答案：乔治 · 马丁。

在披头士乐队的传统中，乔治 · 马丁一直被称为“第五位成员”，这是有道理的：作为一名杰出的编曲者、音乐家、作曲家和工程师，他［以及乐队的经理布莱恩 · 爱泼斯坦（Brian Epstein）］从一开始就是乐队的成功不可或缺的一部分。为什么不请乔治 · 马丁负责音乐，而让太阳马戏专注于演出的其他部分呢？

我立刻给阿斯皮诺尔打了个电话，他非常赞同这个主意，我能感觉到他有一种如释重负的感觉。我们钻入了死胡同，而现在找到了一个非常好的解决办法。在此之前，他以为我们想操控音乐，但我们的提议让他心悦诚服。这是谈判中非常重要的一点：当你们陷入僵局时，一定要创造性地去寻找出路。**要让对方感觉你真的理解他们的立场，并努力地在迁就他们。**太多的人把这种迁就等同于软弱或失败，他们总认为自己是对的，一点也不肯让步。这种想法大错特错。如果能找到既让对方满意又不伤害自己的解决方法，为什么不试试呢？即使这种方法最终没有成功，也能为双方培养起信任，从而带来未来的突破。

尊重与信任你的合作伙伴

我们挂了电话之后，阿斯皮诺尔立即给乔治·马丁打了个电话。乔治·马丁对此非常感兴趣，但是有一个问题：他已经 76 岁，丧失了听力，没人协助他觉得无法胜任这项工作。他建议让自己三十出头的儿子贾尔斯·马丁来协助自己。贾尔斯·马丁本身就是一个成功的制作人，曾与埃尔维斯·科斯特洛（Elvis Costello）和 INXS 乐队等艺术家和团体合作过。他欣然接受了与父亲合作的机会，并使用最新的技术来整理那些著名的录音，看看该如何为太阳马戏的演出而重新设计它们。

这就是我们需要的突破。现在我们有了合作框架和办事流程：双方在项目过程中相互协商；如果出现分歧，披头士对音乐有最终决定权，而太阳马戏则在视觉效果上有最终决定权。**这事给了我一个启示：无论开始哪种创造性合作，尊重和信任彼此的专长都至关重要。每一方都必须能自由地追求自己的愿景，而不是觉得受到另一方的控制或操纵。**

很快，我们与苹果军团的紧张关系就解除了。既然披头士乐队相信音乐得到了很好的处理，我们就成为一个团结的团队，追逐着同一个目标：为披头士乐队及其音乐，打造一场壮观、感人的庆典。最重要的是，太阳马戏的全体人员想要给披头士的成员们留下深刻印象——所谓披头士的成员，当然也包括代表着约翰·列侬和乔治·哈里森的小野洋子和奥利维娅·哈里森。如果披头士的成员们自己都不喜欢这个作品，那么与披头士一起演出就失去了意义。盖伊、斯特-克鲁瓦和我开始一门心思地致力于打造一件真正的艺术品，想要让每个人都为它感到骄傲。

怀疑与不确定，创造过程的一部分

最后，我们需要每一分热情来让项目继续下去。这是我谈判过的最复杂的交易之一。我们不仅要满足披头士乐队和苹果军团公司的要求，而且还要得到拥有披头士音乐版权的两家公司的批准——索尼唱片公司拥有歌曲出版权，百代唱片公司拥有实际录音权，它们若不同意，这件事也做不成。苹果军团曾向我们保证，获得必要的版权不成问题。事实却并非如此，这是一个非常令人沮丧的难题。结果，苹果军团与索尼将要达成协议了，与百代却僵持不下。在经历了多年的合同纠纷和法庭争执之后，百代唱片与苹果军团之间一直矛盾重重。由于百代公司强加了一个又一个条件，最终使项目成本过高而无法实施，谈判陷入了僵局。

这实在是让人抓狂。连音乐都不知道能不能用，还搞什么演出呢？很多次盖伊和我都说："我们别这样折腾了。"但每一次我俩都意识到不能放弃。这个项目不仅会是太阳马戏历史上规模最大的演出，而且可能成为纪念世界最著名乐队之一的文化里程碑。我们必须继续努力。

雪上加霜的是，弗朗哥·德拉根辞去了导演的职务。他想让自己的公司参与该剧的制作，这对我们来说是不可接受的（太阳马戏一直都是独立制作自己的剧目）。尽管存在诸多不确定因素，但我们知道我们必须继续前行，选出一位新的导演。这是一个相当大的挑战。我们需要的是一个具有强大的原创愿景的人，具有那种我所谓的“创造的紧迫感”；此外，他还要能够穿越随这个领域而来的情感雷区——毕竟，要接纳来自苹果军团、披头士乐队和太阳马戏等各路人马的观点并非易事。

经过一番考虑，我们选定了多米尼克·尚帕涅。他曾成功地执导过我们的巡回演出作品《魔幻森林》。尚帕涅能挑重担，做事老练变通，而且心地善良，是一个我们完全信任的人，可以说他是导演的理想人选。2003 年 9 月，在飞往蒙特利尔的途中，盖伊在自己的私家飞机上向尚帕涅提出了这个请求。盖伊说，虽然苹果军团与两家唱片公司的谈判还没有结束，但我们需要一位导演开始构思演出框架。作为披头士乐队的超级粉丝，尚帕涅对此事又敬又畏。他后来对我说：“好几个月来，我都不敢相信我就是你们选中的那个人。”

几乎就在马丁父子俩开始工作的同时，尚帕涅也一头扎到了他的工作中。他们立即开始了一个艰巨的任务：商讨从数百首披头士作品的录音中选择哪些用于时长 90 分钟的剧作。他们必须在列侬、麦卡特尼和乔治·哈里森（可能还有斯塔尔）从早期到晚期的作品，在涵盖广泛风格和情感的作品之间取得平衡。他们决定，不能只把它做成最热门作品的精选集，应该也包括更多的不太知名的歌曲。他们唯一能确定的事情就是，不管怎么选，他们都会被披头士的粉丝骂得体无完肤。

马丁父子团参观了位于伦敦的名垂青史的阿比路录音室之后，便开始精心挖掘乐队唱片中那些无价之宝原创精品——老马丁半开玩笑地称其为“圣杯”。最后，马丁父子制作了一个 15 分钟的演示小样，展示了他们准备采用的方法。在一首曲目中，他们从《阿比路》这张专辑的歌曲《结束》中选取了斯塔尔的鼓独奏（这是斯塔尔与披头士乐队一起录制的唯一的鼓独奏），并将其与人群的欢呼声一起放在了《回来》这首歌曲的开头。在另一首曲目中，他们将歌曲《明日未知》（*Tomorrow Never Knows*）[选自专辑《左轮手枪》（*Revolver*）] 与《有你无你》（*Within You Without You*）[选自专辑《佩珀军士的寂寞之心俱乐部乐队》（*Sgt. Pepper's Lonely Hearts Club Band*）] 组合到了一起。

麦卡特尼和斯塔尔把选音乐的事全权委托给了马丁父子，让父子俩跟着自己的感觉走。尽管如此，年轻的贾尔斯 · 马丁在为他们播放小样之前还是特别紧张。“我俩对他们说，尽你们的所能去做尝试。”麦卡特尼后来说，“然后他们给了我们这段小演示。他们突然把《有你无你》掐掉，取而代之的是《明日未知》中的鼓声，然后这里加一段吉他、那里加点别的。我们当时就说：‘没错，就是这样。这就是我们要的。’我想我们都对它的效果这么好感到惊讶。”

乔治 · 马丁的存在就像定海神针，这让我意识到，在一个如此开放的创作过程中，有一位睿智的长者是多么重要。凭借对披头士乐队四位成员中的每一位及其音乐的深刻理解，他为每个在这片未知水域中航行的人指明了方向。他是一位完美的绅士，优雅地满足每个人的需求，包括我个人的需求。我渴望听一些披头士乐队的故事。当我还是个孩子时，就喜欢坐在书桌前边做作业边听他们的歌。我敢肯定，我那永远问不完的问题快把乔治 · 马丁逼疯了，不过他对我的每一个问题处理得都很得体。在阿比路录音室听了他们父子的演示小样后，我被震撼了；当乔治 · 马丁讲到他带领一支交响乐团来录制《昨天》(*Yesterday*)时，我更是兴奋得不得了。

在马丁父子制作音乐的时候，尚帕涅开始向乔治·马丁诉说自己对整个任务感到多么害怕，满脑子想的都是两位已逝披头士成员的英灵。尚帕涅在查资料的时候，发现在一次采访中约翰·列侬说，他从来都不想像其他许多流行歌星那样，跑到拉斯韦加斯演唱自己最伟大的歌曲。这让尚帕涅惶惑：自己能在拉斯韦加斯制作出一场让列侬感到骄傲而不是难堪的演出吗？在聆听早期原声版的《当我的吉他轻轻哭泣》(*While My Guitar Gently Weeps*)时，当听到乔治·哈里森唱出“我从一旁看着你正在上演的戏”这句歌词时，这位导演表示：“我几乎能感觉到他的目光在盯着我看。”

正如尚帕涅后来对我说的那样：“掌管着 1 亿美元的预算、令人难以置信的披头士乐队的诗歌和音乐世界，以及太阳马戏的天才们，在这种情况下，你绝对不会愿意把这一盛事搞砸。”

“那么，这将是一场什么样的演出呢？”乔治·马丁问他。“不会是歌剧，这一点是肯定的。”尚帕涅回答，“不会是摇滚演出，不是音乐剧，也不是戏剧。”乔治·马丁继续问：“好吧，那到底是什么？”尚帕涅又想了想，最后说道：“你知道吗？我们来做一部摇滚诗！”

这成了尚帕涅创作的指导原则，他通过这个视角来看待整部剧作，所有的一切都是为创作摇滚诗而服务。尚帕涅和创作总监吉勒斯·斯特-克鲁瓦（他本质上是制作人）一起提出了一些指导方针。他们不会让演员在舞台上扮演披头士乐队的成员，也不会详述乐队的传记细节，这么做的话就太直白、太老套了。他们更想要通过挖掘歌曲本身所蕴含的丰富的人物、故事、情感和意象宝藏，比如埃莉诺·里格比、麦当娜夫人、钻石天空中的露西、草莓地、漂泊者、佩珀军士、章鱼花园等，[①]来反映乐队及其音乐的精髓。

想做到这一点并不容易。我们的团队试图为已被全世界的人熟知、又将各自的意义和形象融入其中的音乐作品创造出视觉表现形式。当然，艺术的美就在于仁者见仁智者见智，但这种灵活性也使得任何阐释都变得极其困难。而最令人望而生畏的，也许是披头士乐队的成员们必须要从我们的阐释中认出自己的歌曲，感受到自己在歌曲创作过程中所感受到的灵感，并能够在看剧的时候从中看到自己。

为了提炼出每首歌最深层的含义，尚帕涅和斯特－克鲁瓦研究了历史记录，并分别与麦卡特尼、斯塔尔、奥利维娅·哈里森和小野洋子会面。他们还专程去巡回考察了一番，先后到了乐队的始创之地利物浦、位于德国汉堡的俱乐部（早期乐队在那里进行了传奇的马拉松式演出）、著名的阿比路录音工作室，以及位于伦敦萨维尔街的苹果军团公司大楼屋顶（乐队在那里进行了最后一次公开演出）。

尚帕涅开始工作后没多久，我们就通知他说，如果能够获得音乐版权，那么该剧将会在2005年12月开演，时间比预期的要早。我们再次与美高梅国际度假酒店集团合作，签订了独家合同，他们主办我们在拉

---

① 埃莉诺·里格比、麦当娜夫人、钻石天空中的露西、草莓地、漂泊者、佩珀军士、章鱼花园均为披头士乐队的歌曲中的人物或意象。其中“草莓地”出自歌曲《永远的草莓地》（*Strawberry Fields Forever*）、“佩珀军士”出自歌曲《佩珀军士的寂寞之心俱乐部乐队》，其余均出自同名歌曲。——译者注

斯韦加斯的所有驻场演出。（这将是我们双方的第 5 次合作。）当时，美高梅正因一场可怕的事故登上了国际新闻：西格弗里德 & 罗伊（Siegfried & Roy）魔术秀在梦幻酒店演出时，表演者罗伊 · 霍恩（Roy Horn）被一头 180 公斤重的白虎咬住了脖子拖下舞台。

演出立即被关闭，梦幻剧场空置了几个月，这给美高梅公司带来了巨大的压力，于是他们希望能尽快上演新的剧目。他们是真心希望能上演披头士的作品，并愿意等待，但也不能无限期地等下去。剧场每闲置一个月，美高梅就要损失 500 万美元。

尚帕涅反对新的期限，说这样就没有足够的时间来做好该剧。他甚至一度威胁要甩手不干了。幸运的是，我们的创意团队想出了我在前文讲过的那个主意，从而解决了这一危机：他们想把梦幻剧场的空间改造成一个圆形剧场，观众们围绕舞台坐成一个 360 度的圆圈。这将剧场的翻新时间又增加了 6 个月，将开演时间推迟到 2006 年 6 月。现在尚帕涅有足够的时间来做好他的剧作了。

虽然整个项目一直在推进之中，但我们仍然没有获得披头士音乐的版权。苹果军团与百代唱片公司的谈判一直拖拖拉拉地进行着，看不到尽头。尼尔 · 阿斯皮诺尔透露了一个坏消息：他可能最终无法获得演出的音乐版权。

盖伊和我都气坏了。之前阿斯皮诺尔曾一再向我们保证，他会获得授权。而现在，在我们投入了如此多的时间、金钱和精力之后，整个项目显然却要夭折了。心灰意冷的盖伊和我别无选择，只能告诉梦幻酒店的首席执行官博比 · 鲍德温，我们可能终究是无法打造一部披头士乐队的剧作了。

“伙计们，如果你们拿不出披头士，”他厉声说道，用了好几个感情色彩鲜明的形容词，显然很激动，“那就给我来一场太阳马戏的表演！”就是在那一刻，盖伊和我决定制订一个B计划。我们立即开始着手准备另一部作品作为替补，但它充其量也只是应付了事——那时候，太阳马戏的每个人都把心放在了披头士身上。

我们束手无策的时候，阿斯皮诺尔和我想出了最后一个绝望的计划：我将给苹果军团公司写一封信，告诉他们我们对无法上演这一剧目感到十分遗憾，因为根据我们之前在拉斯韦加斯演出的成功，苹果军团本该能在至少10年里每年从该剧中获得数百万美元的收益。阿斯皮诺尔随后会把这封信拿给百代的高管们看，并威胁要为那几百万美元的损失起诉他们。这不是空洞的威胁，阿斯皮诺尔已经做好了上法庭的充分准备。

我写好了信，阿斯皮诺尔把它传给了百代，然后我们便等待结果。令人难以置信的是，这个计划成功了，苹果军团用不着起诉百代了。2004年夏天，百代公司派人来与我们签订了协议。

把披头士乐队搬上舞台的努力走到这一步，过程中包含了许多重要的教训。首先，如果你想像阿斯皮诺尔那样威胁要起诉你的合作伙伴，就必须做好坚持到底的准备。否则，在你试图表现得强硬时，对方会说你是虚张声势而不再相信你。

其次，更重要的是，这些事件提醒我，如果项目有太多悬而未决的问题、意想不到的障碍和不明朗的成功前景，商人们往往会选择避而远之。他们想要可靠的保证和可预测的结果。在加入太阳马戏之前，我也是这样的。但现在我已经明白，过有创意的生活很难提供这样的保证。你必须习惯充满怀疑和不确定性的那种不舒服的感觉，明白它们是创造过程的一部分。

我并非是在鼓吹选择逃避。有时候，当一个项目无法进行下去时，你就不得不选择退出。也许它的成本已经变得太高，或者它分散了你从事其他重要业务的精力。如果是这样的话，你一定要全力退出。但重要的是要忠实于自己的动机：你是真的坚持不下去了吗？还是仅仅因为你的耐心已经耗尽？哪一个最让你痛苦，是你的底线，还是你的自尊和骄傲？

很多次，盖伊和我都想终止这个披头士的项目。每一次，我们都尽量保持谦逊和耐心。我们知道，终有一天，我们将没有足够的时间来创作配得上披头士乐队的剧目，我们不得不转向 B 计划。但在那之前，我们会一直坚持下去，因为我们清醒地认识到，尽管挫折无穷无尽，但只要我们继续关注最可贵的事物，成功仍然是可能的。

充分动员身边的力量

一旦与苹果军团公司签订了合同，我们就面临着一项令人生畏的艰巨任务，那就是实际制作出一部不辜负我们极高期望的剧目。

尽管我们的创意团队拥有丰富的资源——世界级的表演者、最新的技术、丰富的热门剧作制作经验，但我们也会遇到一些不寻常的限制。而这一次的限制是，我们必须取悦所有披头士乐队的利益相关者。虽然我们对作品的视觉效果有最终发言权，但我们非常想让麦卡特尼、斯塔尔、小野洋子和奥利维娅·哈里森都感到高兴。所以我们竭尽全力，定期向他们征求意见。

好在我们没有把这看成是对我们制作过程的干扰，而是看成一个让这出剧作更强劲、更深刻的基本组成部分。每个公司都有类似的群体需要满足，例如客户、政府监管机构、股东、供应商等。这些人的顾虑可以帮助产品改进，明白这一点是信任创意过程的一个关键部分。

在披头士的剧作中，音乐团队（马丁父子）和视觉团队（主要是尚帕涅和斯特－克鲁瓦）会定期拜访每个披头士乐队的利益相关者，给他们展示有关他们的那部分进展如何，从音乐、乐队形象，到服装和舞蹈编排等，都一一展示，然后认真地倾听对方的反应。（斯塔尔觉得不太需要深入参与此事，这符合他一贯的悠闲、随和的性格。）

刚开始的时候，麦卡特尼觉得我们对自己的计划过于含糊其辞。“他们说：‘不要担心，这部剧作会很棒的。’我回答说：‘但是你们打算如何进行下去呢？’然后他们想到了这个主意：（前面部分的演出）在梯子上进行，接着是第二次世界大战后的各类建筑拔地而起，随后表演《埃莉诺 · 里格比》。好吧，我觉得这可以了，这就是我需要的。”

到 2005 年秋天，项目的计划阶段结束了。我们已经完善了概念，拟定了表演方案，制作了服装，并组建了一支表演者团队。现在是时候开始在蒙特利尔的工作室排练和打磨该剧了。剧中有空中飞人、俄罗斯空中秋千、蹦床、蹦极、溜冰，还有比太阳马戏往常的表演中更多的舞者。最终，120 多首披头士乐队的歌曲被节录、组合，然后创作出 40 首乐曲。因为许多歌曲长度不够，不足以撑起一场表演，所以它们被以惊人、创新的方式与其他歌曲结合在一起，创造出一种强大的混搭。其中一个例子就是，乔治 · 马丁为乔治 · 哈里森那首《当我的吉他轻轻哭泣》的录音室试听版谱写了优美的弦乐伴奏。

看着剧作逐渐成形，我为整个过程的漫长和艰难而深感震撼。我们通常会认为艺术家只是在执行一些宛如神启般不期而至的、完全成形了的想法；但事实上，这个过程往往是一连串复杂、尴尬的失败，最终可能有所发现，也可能一无所获。看看约翰·列侬和保罗·麦卡特尼的歌曲创作伙伴关系就知道了：他们相互交流不成熟的想法，把那些不可行的剔除掉，可行的则进一步完善和发展。尤其是列侬，他很少对最终的录音版本感到满意。

即使是像尚帕涅这样经验丰富、成就显赫的艺术家，也不得不在工作时提醒自己失败的重要性。“你往往会觉得，你既有披头士乐队的资源，又有太阳马戏的资源，所以不可能会失败。”他告诉我，“但是在一个创造性的过程中，在找到有效的方法之前，会经历大量的失败。我花了挺长时间才能对自己说‘我不需要成为一个每天早上都能带来杰作的天才。我只需要像以往一样打造一场演出就行了’。我确信列侬在做《永远的草莓地》的第一版试唱小样时，它还不是一首杰作。”

几个月后，奥利维娅·哈里森和小野洋子第一次来到蒙特利尔观看排练。虽然麦卡特尼和斯塔尔很乐意让太阳马戏的艺术家同伴们有足够的创作自由来诠释他们的歌曲，但这两位遗孀却有着截然不同的使命，即保护她们已故丈夫的遗产。而且她们不像麦卡特尼和斯塔尔那样好说话。事实上，如果你在访问期间偷听她们与尚帕涅和斯特－克鲁瓦的对话，你就会意识到她俩都面临着巨大的挑战——既试图保持礼貌和随和，又不时对她们在舞台上看到的东西发表直率而情绪化的意见。

“我从一开始就对那两个角色有某些强烈的感觉。”在一次休息的时候，奥利维娅·哈里森对尚帕涅说。当演员们在她面前的舞台上走来走去时，她在座位上不安地挪动。“我可以实话实说吗？”尚帕涅点点头。奥利维娅·哈里森继续说道，“我不是特别喜欢那些角色。你懂的，我不知道是不是……”小野洋子点头表示同意，她插话说：“刚开始的那一段，他（指列侬）的歌有点多了。”

尚帕涅尽力解释，说这些角色都来自披头士乐队的歌曲原作，而选择这些歌曲的根据，是确保按照对乐队创作的贡献大小公平地呈现出每一位成员的作品。到那时为止，他说，该剧选用了列侬的 14 首歌、麦卡特尼的 13 首、乔治·哈里森的 4 首、斯塔尔的 1 首。我意识到，艺术远比我想象的更具协作性。

不要让批评扼制创作过程

到 2006 年初，拉斯韦加斯梦幻剧场的翻修已经完成，我们可以到剧场排练了。创作进行到这个阶段，所有的表演在某种程度上说依然都是假设，直到我们能看到在实际演出空间中的效果。搬家是一项艰巨的任务。我们运来了好几卡车的设备、近百名技术人员和 60 名来自世界各地的天才演员。

项目组抵达拉斯韦加斯之时，既令人激动，又让人紧张。这部名为《披头士之爱》的剧作终于开始变得真实起来。

两个月后，在 4 月一个温暖的日子里，梦幻剧场内外充满了人们嘀嘀咕咕的声音：一位重量级人物——保罗·麦卡特尼爵士[①]，将前来观看演

① 保罗·麦卡特尼于 1997 年被英国女王授予爵位，故称。——译者注

出准备情况。

“如果你能尽可能多地给他内容看，将会对我们大有帮助。”在麦卡特尼到来之前，乔治·马丁对尚帕涅说，“因为他之前一点都没看过，肯定非常好奇。”

尚帕涅皱起了眉头。距离首演只有两个月的时间了，技术故障还是会出现，通常会导致几个小时的延迟。即使一切运转正常，这部剧作也还没有做好给任何人看的准备，更不用说给麦卡特尼看了。“我们不要把自己置身于被褒贬评价的情境之下，”这位导演说，“我们还没有到那一步。对我来说，这部剧作离被褒扬还早着呢。”

但是太迟了。麦卡特尼已经到了维加斯，正在前来梦幻酒店的路上。他的经纪人事先告诉我们他的时间有限，所以我们决定他一到就立刻开始。不一会儿，穿着一件休闲 T 恤衫的麦卡特尼走进了剧场。

尚帕涅紧张地握着麦卡特尼的手说：“很高兴你能来。”尴尬地停顿了一会儿之后，这位导演坦白道：“大家都很紧张。”

“很好。”麦卡特尼开玩笑说，“我希望让每个人都保持紧张的状态。”

大家都笑了。麦卡特尼坐了下来，紧接着艺术家和工作人员们便开始表演杂技。尚帕涅对表演并不满意，在麦卡特尼观看的时候，他大声地问麦卡特尼这部分是否要修改，还是干脆完全删掉。“从来没有比这次演得更糟的了。”他叹气道。

麦卡特尼似乎没有注意到这些缺点，或者是注意到了但并没有把自己的想法告诉别人。大多数时候，他都在入迷地看着。我坐在麦卡特尼的前面，麦卡特尼坐在乔治·马丁的旁边，我能听到他们在观看“埃莉诺·里格比”那一幕时的谈话。“对我来说真正奇怪的是这个：我记得自己写过这些东西，但它们是那么小，”他捏紧了手，假装用一支小铅笔在空中写字，“小小的吉他或钢琴乐谱、小纸张和小铅笔，小信封背面（写着）‘佩珀军士’之类的东西；”然后，他双臂大张，惊奇地望着这座造价 1 亿美元的剧场，看着那高高的天花板、精心制作的索具，以及穿着狂野服装在高空穿梭的空中飞人艺术家，“再看看这里，它们发生了多么大的变化！”

看了麦卡特尼一整天的表现，我明白了一个道理：**领导力并不总是需要批评，批评会扼杀创造性的过程。**作为一名音乐家，他明白其他艺术家最需要的是鼓励。

“我喜欢那些影子。”看到四个剪影人物，伴随着响彻剧场的披头士原声音乐滑稽地跑来跑去，他对尚帕涅说，“你完全没必要紧张。演出真的很好。”

尚帕涅看上去很感激，但依然很不安：“其他部分不怎么样。”

“行了，伙计，我们都能理解。”麦卡特尼就像一个大哥哥那样安慰道，“你知道，我们也是用了很长时间才把这个做出来的。”

那天的演出中出现了很多次停顿，这在我们排练时是很常见的。每次停顿，麦卡特尼的随行人员都会过来问他还想不想留下来。“你在开玩笑吧？”有一次他这样回答道，“这是我们的剧作！”听了这话，我才松了一口气。在他访问期间，尼尔·阿斯皮诺尔曾对我说："如果麦卡特尼说'这是我们的剧作'，那我们就成功了！"

排练结束后，麦卡特尼对全体演员和工作人员说："我们只是看了一小段，但我们觉得非常棒，非常激动人心。"在大家鼓掌的时候，他开玩笑说："但我希望你们更努力一些！更更努力一些！"房间里爆发出一阵笑声。之后，他邀请部分人一起出去吃饭。在餐厅里，我非常兴奋，忍不住问了他很多有关披头士的问题。他告诉我，他们最好的时光是在工作室里度过的那些日子。"那是我们最喜欢的时光。"他说，"一边创作新歌，一边录制。"与麦卡特尼在一起的那一天，是我整个冒险过程中最珍贵的记忆之一。

创作的过程困难重重，你唯一所需要的是爱

2006 年 6 月，《披头士之爱》终于在梦幻剧场举行了首演，这是一次感人的披头士成员的重聚。当麦卡特尼、斯塔尔、奥利维娅·哈里森和她的儿子达尼·哈里森（Dhani Harrison）进入剧场时，狗仔队早已等候在门口抓拍所有这些著名的面孔。代表列侬前来的则是小野洋子和他们的儿子西恩·列侬（Sean Lennon），以及西恩·列侬的第一任妻子辛西娅（Cynthia）和他们的儿子朱利安·列侬（Julian Lennon）。那一刻，披头士乐队的解散和列侬的第一次婚姻留下的那些怨恨，都被人忘在了脑后。

演出过程中，很明显，两位最重要的观众都很喜欢它。麦卡特尼和斯塔尔坐在一起，兴奋地互相耳语，麦卡特尼不停地跟着唱，斯塔尔用手在空中打着拍子。这已经说明了一切。

“当我和麦卡特尼坐在一起时，我听到我们四个人的声音，还有乔治 · 哈里森和列侬的歌，那时候我的感受令我自己非常惊讶，”斯塔尔后来说，“我觉得另外两位兄弟也在这里，只不过他们没有坐在我们身边。”

在此之前，小野洋子曾巧妙地总结了这部剧的力量说：“披头士就像是心灵的杂技演员，太阳马戏则是身体的杂技演员。所以，当它们结合在一起时，就形成了一个整体。我很喜欢。”首演当天，小野洋子身着一袭白色套装，头戴一顶巨大的白色帽子，她说：“今天唯一的遗憾是列侬不在这里，因为我确定他一定喜欢这部作品。”

演出结束后，麦卡特尼、斯塔尔、马丁父子，以及列侬和乔治 · 哈里森的家人都走上舞台，与尚帕涅、斯特 - 克鲁瓦和盖伊一起，庆贺披头士最后一次相聚，共同创作出这部壮观的作品。麦卡特尼高声喊道：“让我们专门为列侬和乔治 · 哈里森鼓一次掌！”人群顿时疯狂起来。

麦卡特尼和小野洋子一度亲吻拥抱。尼尔 · 阿斯皮诺尔后来对我说：“我从没想过自己能看到这一幕。”

各种评论令人欣喜。《视相》（*Variety*）杂志称“无论是与以前的舞台演出还是与电影相比，《披头士之爱》这部剧作对披头士音乐的处理都是史无前例的”，该剧“将动作和歌曲优雅地结合在一起，强化了披头士音乐的伟大之处”。

首演夜之后，《披头士之爱》这出剧目每周演出 10 次，令观众和评论家们都兴奋不已。在 2008 年的格莱美颁奖典礼上，马丁父子凭借该剧的原声专辑获得了两项大奖。在该剧上演 10 周年之际，我们将梦幻剧场关闭了 3 周，投入 1 000 万美元让尚帕涅安装了新的剧场设备。这部剧再次获得了热烈的好评，门票销售量大大提高，成为太阳马戏最畅销的演出剧目之一。麦卡特尼、小野洋子和奥利维娅·哈里森经常带着家人和朋友回到梦幻剧场观看演出。

一位杰出人物没有出席 2016 年 7 月这部剧作重新上演的首演式。几个月前，乔治·马丁爵士[①]离开了人世，享年 90 岁。（在他的追悼会上，悼念者们听到了他创作的原声专辑中的《当我的吉他轻轻哭泣》。）虽然他不能到场，但我们却记得他说过的一句话，这句话概括了这部剧作对他，以及对这个世界的意义："每一代人，在成长过程中都能发现属于自己的披头士乐队。我的孩子们如此，现在我的孙子们也是如此。有了这部剧作，我们可以看到这一过程将如何继续下去。"

《披头士之爱》对每个参与其中的人都产生了巨大的影响。"我一直很怀念 20 世纪 60 年代，那些自由和革命的岁月。"在 2006 年首演前，尚帕涅如是说道，他还补充说他是在一个更愤世嫉俗的年代里长大的。被排练搞得精疲力尽的他在谈到这部剧如何打动了自己时，由于激动，声音都变了："我觉得今天我又回到了梦想的源头，我们能像那个人说的那样，'唱一首悲伤的歌，让它变得更好'[②]。"

如今，每次我观看这部剧的时候，脑海里都会涌现出很多回忆：给予乔治·哈里森灵感、使他向盖伊伸出友谊之手的那个狂野派对，我们在伦

① 乔治·马丁于 1996 年被授予爵位，故称。——译者注

② "唱一首悲伤的歌，让它变得更好"为披头士乐队的名作 *Hey Jude* 中的歌词。*Hey Jude* 词、曲作者为保罗·麦卡特尼，制作人为乔治·马丁。——译者注

敦与披头士乐队的第一次会面，没完没了的谈判，失败的恐惧，还有充满压力、起伏如同过山车一般的通往首演之夜的漫长旅途。有时我会想，这部剧的名字是多么完美啊。创作的过程通常是困难重重、不可预测、令人发狂的，就像生活一样。但在演出的最后一曲中，披头士乐队给出了应对这一问题的最佳建议："你唯一所需要的是爱。"

BALANCING ACTS

太阳马戏的创意管理

- 如果能找到既让对方满意又不伤害自己的解决方法，为什么不试试呢？即使这种方法最终没有成功，也能为双方培养起信任，从而带来未来的突破。
- 无论开始哪种创造性合作，尊重和信任彼此的专业水平都至关重要。每一方都必须能自由地追求自己的愿景，而不是觉得受到另一方的控制或操纵。
- 你必须习惯充满怀疑和不确定性的那种不舒服的感觉，明白它们是创造过程的一部分。
- 创作的过程通常是困难重重、不可预测、令人发狂的，就像生活一样，你唯一所需要的是爱。

BALANCING ACTS

第4章

只有盈利、没有创造力的项目会毁掉公司

为员工提供一个安全的环境，
是每家公司的领导人最重要的
责任之一。

BALANCING
ACTS

随着《披头士之爱》制作完成，我结束了在盖伊·拉利伯特手下长时间的学徒生涯，逐渐觉得自己能够更自如地驾驭这艘船了。在我们与苹果军团公司谈判的过程中，盖伊相信我能够力担重任，完成这项复杂的交易。2006 年春的一天，他邀请我去他家参加一个早餐会。他一边吃着鸡蛋，喝着咖啡，一边开始暗示他准备放弃首席执行官的头衔。

这不是我们第一次讨论这个话题。从我被聘用的那天起，盖伊就一直说他准备在商业方面少花点时间，把更多的精力放在自己感兴趣的事情上，比如开发新剧目、扩大我们的国际影响力、提供总体战略方向，以及推动他最喜欢的慈善事业——缓解世界范围内的贫困和水资源短缺问题。但在那个早上，他很明显地准备最终放弃日常运营的责任，回归他称为“太阳马戏创始人和创意指导”的角色。

感觉到了话题的走向，我简单地说道：“我准备好了。”“你当然准备好了！”盖伊大笑起来，“那我们就继续前进吧！”

创始人一定要学会放手

就这样，我成了首席执行官。在那之后，我们相处得非常融洽，因为盖伊给了我真正的权威——这是很多公司的创始人难以做到的一点。很多创业者都是白手起家，哪怕是做一个小小的决定，他们也会觉得自己做的比别人的更好，管理上往往是事无巨细一把抓。但盖伊说到做到。他告诉全体员工，凡是我做出的决定都是最终决定，向他抱怨毫无用处。

这一点同样适用于公司以外的人。在一次会谈中，一位潜在的合作伙伴对我的答复不满意，于是便打电话给盖伊为自己辩护。盖伊当即打断了他，告诉他我才是主导谈判的人。盖伊的做法立刻给了我信誉和声望。在其他的方面也是如此，不管事情大小，盖伊都让我在不受干扰的情况下工作，我从来不用担心他会监视我。

从我的角度来讲，我需要决定哪些事情应该向盖伊汇报，哪些事情不需要让他操心。关键点是要明确我们两人的职责。他对我为公司的新电脑系统选择哪家供应商毫无兴趣，但对开发新剧目充满热情，而我完全支持让他控制业务的关键部分。为什么不呢？他是这方面的专家，而我不是。理解并尊重彼此的角色和才能，对于领导层的顺利交接至关重要，尤其是在一家产品能直接反映创始人艺术眼光的创意型企业之中。我们相互配合得非常完美：我没有兴趣取代盖伊成为太阳马戏的创意动力，而他则很高兴有人替他来管理公司。

领导者的分歧要关起门来讨论

想起来真是觉得不可思议，在我们一起工作的这些年里，我与盖伊只吵过一次架——直到现在我们仍然会拿这件事开玩笑。大家都知道，艺术家可能会比较热情奔放，但当领导者的分歧暴露在大庭广众之下时，不加约束的情绪可能会影响员工的士气。

那次争吵发生于一次高管会议中，当时我们讨论的是一项我正在谈判的生意。盖伊觉得我低估了公司的价值，于是就有点失控。“噢，拜托！你到底明不明白我们品牌的力量？”他大喊道。在接下来的争辩中，盖伊不停地高声向我挑战，一副咄咄逼人的样子。

吵完架后，他来到我的办公室对我说：“这是一次很好的会议，你不这样认为吗？我们彼此之间能够如此开诚布公，这真是太好了！”

事实上，我并不觉得这次会议有多好。在我看来，领导者需要意见统一。员工们只有知道他们的上级合作得很好，而不是在尖刻的言辞中把关系搞破裂，才会感到安全。盖伊对我说话的方式让我很生气，但我也知道如何保持冷静。于是，我用我最平静的声音对他说：“盖伊，如果我们想让员工感到安全，专心工作，我们就必须表现得像一个意见统一的团队。”

看到我如此在意这事，盖伊感到很惊讶。在他看来，他只是像往常一样戏剧性地展现自我。“丹尼尔，有时候我喜欢表演！”他抗议道。经过一番反复讨论，我们决定，以后不管什么时候，只要我们有意见分歧，就私下讨论解决办法。这很管用，每当出现意见分歧，我们就会关起门来自由地表达自己的看法，尊重彼此的观点，再也没有发生过争吵。

摘下你的有色眼镜

2006年5月，我开始担任首席执行官这个新职务，反思既往，我感觉自己真的是幸运。5年前我加入太阳马戏的时候，这家公司正开始进入一个惊人的爆发式增长时期。从2002年开始，我们在6年内开启了8个剧目的演出，这对我们来说是一个非常快的速度。从在拉斯韦加斯驻场演出的*KÀ*和《披头士之爱》，到《魔幻森林》《喜悦之旅》《极度狂热》（*Delirium*）、《浪迹天涯》（*Kooza*）和《冬之传说》（*Wintuk*）等巡演剧目，所有作品都非常成功，有些还成为超级热门。到2007年，我们的营收已经超过6亿美元，有种所向无敌的感觉。我们对新的和现有的演出市场的专注就像聚焦于一点的激光一样，这使得我们能达到的规模似乎大到没有限制。

然后一切开始瓦解。回过头来看，罪魁祸首是2008年全球金融危机、各种自然灾害和我们自己的失误这三者的结合。太阳马戏的黄金时代结束了，取而代之的是为期5年的动荡，这是自我们疯狂发展的早期以来最具挑战性的一个时期。

经济大衰退是我们遇到的第一场灾难，它几乎在一夜之间改变了整个世界。我们原以为可以依赖的一切都受到了怀疑，这使得所有其他问题的难度都增大了很多。这段时间我们本应该脚踏实地，保持谨慎和谦逊，但那从来不是太阳马戏的风格。那时我已经完全接受了公司的大胆精神，我们是一群冒险家，只有一个档位：全速前进。我们对经济衰退的主要反应是视而不见。我们继续前进，好像我们对周围的灾难具有免疫力一样。

现在回想起那段时间里我所发表的一些公开声明，我仍然心有余悸。

“我所要说的一切就是，在过去，只要发生经济危机，人们就会转向娱乐，” 2008 年 11 月，我曾对一位采访者这么说，“因为你只想忘记所遇到的问题，你在寻找希望，寻找能够分散注意力的东西，也就是娱乐。所以，通常情况下，我们受到的影响不像其他经济部门那么严重。”

真是一厢情愿！但这就是当时我们的态度。在 2008 年夏末和秋天，我们没有紧缩开支保护自己，而是继续扩张，好像周围什么都没有发生一样。我们开发了 3 个昂贵且有风险的驻场演出项目，在 3 个月内分别在拉斯韦加斯、日本东京和中国澳门开幕。

到我生命的这一刻，我知道自己拥有可能被人们称为“选择性记忆”的东西：我很快就会忘记各种失败，即使是它们让我得到了教训；我更喜欢回忆成功。这种品质有助于我保持乐观的心态，尤其是在困难时期。但失败是一位伟大的老师，所以我有必要放慢脚步，坦率地审视在这段充满挑战的日子里，到底是哪里出了问题，以及为什么会出问题。

我们连败的第一部剧是《萨雅》(*Zaia*)，这是一部传统的太阳马戏杂技作品，模仿了我们的标志性剧作《神秘》。即使在 2007 年经济开始出现预警信号，预示着银行业危机即将到来，我们仍然继续开发该剧和其他两部剧作。其中《萨雅》面临的风险更大，因为我们正在尝试一些全新的东西——在中国澳门推出第一场大型娱乐活动。

《萨雅》于 2008 年 8 月上演，故事讲述了一个女孩在外太空的超现实旅行，在那里她发现了一个外星人居住的神奇世界。我们觉得它在艺术和娱乐两方面都很成功。但当我漫步在上演该剧的澳门威尼斯人酒店里时，一眼就看到了其致命缺陷。这家巨大的酒店大得像一座小型城市，里面挤满了 75 000 名前来玩乐的人，然而只有 300 人在那座有 2 000 个座位的剧场里看我们的演出。很明显，游客是来这里玩乐的，而不是为了看表演或到高级餐厅用餐。在现代历史上最严重的经济衰退时期之一，我们试图把澳门打造成像拉斯韦加斯那样的娱乐胜地，遭遇了惨烈的失败。

判断新项目是否启动的“四大准则”

对于《萨雅》，我们犯的另一个大错误是放弃了我们通常用来决定是否开始一个新项目的指导方针，它们被非正式地称为“四大准则”，我们今天仍然在使用它们。按重要性排序，这四条准则依次是：

- 这是一个具有创造性的挑战吗？
- 我们的合作伙伴与我们有共同的价值观吗？
- 我们能盈利吗？
- 我们的合作伙伴参与社会活动吗？

我们最成功的剧目，对于以上每个问题的答案都是响亮的“是！”。这些准则适用于任何行业的任何公司。让我们来逐一审视这四个问题。

这是一个具有创造性的挑战吗？

这个问题是排在第一位的，因为它是迄今为止最重要的一个标准，即使对非艺术或非娱乐行业的公司也是如此。对于每一个新的提议，都要问一下自己：我的团队是否真的对这个项目感到兴奋？员工敬业度对很多公司来说都是一个大问题，而原因也很简单：管理者没有给员工足够的理由，来激起他们对工作的兴趣。无论在哪个领域，那些有创造性的员工都会真心地投入工作之中，并颇有成效。他们甚至会工作更长时间。年轻员工尤其如此，在一次又一次的调查中他们都表示，希望自己的工作有意义。反过来讲，**把你的公司打造成一个富有创造性的工作场所，将有助于吸引那些最具创新精神和活力的人才。**

让创造性挑战成为你的首要任务的另一个原因是：如果不这样做，你就会像被蒙上了双眼，无法看到你所在的行业的未来。除非你花时间思考你的组织如何才能满足未来客户的需求，否则你永远不会成为你所在领域的领导者，并且你还将面临这样一个巨大的风险：一个思想更灵活的竞争对手会突然冒出来将你击败。想想柯达公司，它就是因为没能意识到数字革命会摧毁它的胶片业务而失败的。百视达（Blockbuster）公司也是如此，它似乎觉得人们永远都会到实体影音店租电影看。“创造性”似乎只是一个时髦的词，或是你的公司文化中一个可选可不选的组成部分；但事实恰恰相反：今天，它对公司的生存至关重要。

在太阳马戏，我们总是本能地知道，除非我们的创意源源不断，否则我们创造一部壮观剧作的目标就不可能实现。毫无疑问，像 *KÀ*《披头士之爱》这样的作品遵循了这第一条准则。而《萨雅》则是好坏参半。它很有趣，制作水平也很高，但它并没有像我们那些更具有冒险性的作品一样带来创造性的挑战，而这减弱了我们本可以在澳门取得的影响。

我们的合作伙伴与我们有共同的价值观吗？

到目前为止，我们最大的商业合作伙伴是美高梅国际度假酒店集团，无论我们的剧作创意有多超前、剧场建设有多昂贵，它都一直支持我们。这是因为该公司的高管们——约翰·雷德蒙、博比·鲍德温、吉姆·穆伦

（Jim Murren）、比尔 · 霍恩巴克尔（Bill Hornbuckle）等，都了解艺术的价值及其商业潜力。他们知道，引入我们那些尖端、复杂的演出，会带给他们的度假酒店所需要的高档气息，让这些酒店成为世界各地游客必去的观光胜地。在谈判过程中，他们始终表现得非常真诚，对我们也很尊重，尽量提供我们所需的各种帮助。最近，我们与华特迪士尼公司的合作也非常令人满意，富有成效，因为我们双方对艺术和娱乐的价值有着相同的信念。这条准则看起来是常识，但我总是会惊讶地看到很多企业经常忽视它，特别是当这些企业被赚大钱的前景所诱惑时。

通过《萨雅》，我们发现违反这条准则会犯下多么大的错误。虽然我们与美高梅在拉斯韦加斯签订了独家协议，但我们可以自由地与其他地方的度假酒店合作。在澳门，我们与某公司合作。但这家公司对我们演出的艺术内容和质量完全不感兴趣，而我们发现这一点时已经太晚了。为了获得许可证，这家公司的经营项目中需要有文化方面的内容，因此它只是把我们的演出安排视为达到目的的手段。只要娱乐场所内满员，我们的新合作伙伴似乎并不关心我们在舞台上表演了 90 分钟什么内容，也没有为我们提供吸引观众所需的营销支持。由于两家公司的价值观完全不同，我们发生了一次又一次的冲突。

我们能盈利吗？

对于《萨雅》这部剧作，我们的回答是一声响亮的“能”，但这也是问题所在。我们把这条准则排在第三位是有原因的。我们当然需要有收益，但在满足第一条和第二条准则之前，我们不会考虑收益问题。然而对于《萨雅》，我们原本该优先考虑的因素被放在了后面，潜在利润成为推动项目建设的动力，其原因显而易见——这对我们来说是一笔极好的交易。澳门这家公司知道，吸引 75 000 名游客到其庞大的娱乐场所里玩乐，可以赚取巨额利润，因此它愿意承担我们制作《萨雅》的全部 4 000 万美元的成本，然后再花 1 亿美元建造一个演出它的剧场，并且不管有多少观众买票，都保证我们 3 年的利润。拒绝这样一笔惊人的交易确实很难，但我们当时真的应该拒绝——不是为了某些抽象的原则，而是出于非常实际的原因，即我们公司从来没有过被金钱欲望驱使而去做事。我们的出发点是创造美好、惊人、鼓舞人心的东西，而不是仅仅取得财富。当我们迸发出创意的火花时，利润自然就来了。没有创意，我们就完了。

我们的合作伙伴参与社会活动吗？

在与新的合作者讨论时，我们总会问一下他们对社会问题的参与情况。如果他们不积极参与，我们会向他们介绍一些我们热爱的事业。其中包括利用马戏艺术帮助高危青少年的非营利性机构“世界马戏团”（Cirque du Monde），以及为全球贫困国家提供健康饮用水的“盖伊一滴水基金会”（Guy’s One Drop Foundation）等。在有些会议上，当我提到这个要求时，得到的只是对方茫然的眼神。但我们仍然坚持这样做。而我们的新合作伙伴一旦参与进来，通常就会乐在其中。

《萨雅》上演后，看到只有零星的几个观众，我们便对剧作内容进行了修改，在其中加入了一些中国文化的元素，比如穿着狮子服装的杂技演员和飞龙等。但我们无法解决根本的商业问题，尤其是在当时全球经济衰退的情况下。合同到期后，我们的合作伙伴希望我们继续演出。然而，每天晚上都在几乎空无一人的剧场里演出，不仅让我们的员工士气低落，还令我们的品牌受到损害——“太阳马戏”这块招牌从来都是“场场满座”的代名词。意识到我们对澳门娱乐市场的判断完全错误后，我们于 2012

年2月结束了为期3年半的演出。我们很失望，但也很高兴终于把这件事给了结了。

管控你的热情，防止过度扩张

在金融危机爆发前的几年里，除了《萨雅》，我们还开发了另外两个驻场剧目：东京迪士尼的《泽德》（*Zed*，基于塔罗牌主题的剧作）和拉斯韦加斯的《克里斯 · 安吉尔的信任之旅》（*Criss Angel Believe*，混合音乐和舞蹈的魔术表演）。这两个剧目都是在2008年10月开演的，也就是在9月15日雷曼兄弟公司（Lehman Brothers）倒闭引发全球银行业崩溃的几周之后。

大家都想问，为什么在经济不景气并最终断崖式下跌的情况下，我们却还继续实施自己雄心勃勃的计划，在3个月内连续推出3部新的驻场演出？我也经常问自己同样的问题。我能给出的最好的答案是：我们当时完全沉迷于制作剧目的快感之中。那是真正会让我们感到兴奋的事，即使当时更明智的做法是放慢制作速度或停下来。**对于创意公司来说，对热情的管控是一个巨大的挑战。激情是好事，是真正创意的先决条件，但必须小心处理激情，以免你的公司不堪重负。**

我对所有这些项目都充满热情，100%地支持它们，这表明我已完全接受了太阳马戏的那股子干劲。即使在今天，我也只有在帮助尽可能多的令人兴奋的新项目起步时，才能感觉到我是在做自己该做的工作、完成自己的人生使命。

在2008年推出的3部剧作中，最值得我们关注的是在东京上演的《泽德》。如果我们只把这一部剧做好，也许就不会有什么事。该剧剧名提到的角色是塔罗牌中的“傻瓜”，他的任务是在“大地人”和“天空人”这两个神话群体之间建立联系。这是一部令人惊叹的作品：有众多的女演员用蹦极绳在空中旋转，有高空走钢丝表演，有杂耍演员抛接火把，有指挥棒旋转世界冠军表演绝技，还有套索表演，等等。太阳马戏在日本一直有着很大的影响力，东京和大阪是我们仅次于拉斯韦加斯的两个主要市场，而我们在这两个地方的忠实粉丝们这一次又大批前来观看我们的新剧作。

可惜，我们内在的自制力还不够，没有让自己止步于此。

坚守自己的核心业务，不要试图满足太多人的要求

如果我们是有意识地想冒着过度拓展的风险同时开发多个新剧目，那么靠谱的做法就应该是坚持做我们最擅长的事：以杂技为主的混合表演。然而在 2008 年的第 3 部作品中，我们却采取了相反的做法，我们与著名魔术师克里斯・安吉尔（Criss Angel）合作，推出了一部几乎没有任何杂技表演的剧作。今天，从事后诸葛亮的角度来看，很容易看出那是我们失败的原因所在；但在当时，《披头士之爱》的成功让我们的打算发生了变化，鼓动我们与另一位已经拥有大量忠实粉丝的大牌明星合作。

在 2005 年前后，克里斯・安吉尔可是个大明星。有人称其为继胡迪尼（Houdini）之后最伟大的魔术师。从 2005 年到 2010 年这 5 年的时间里，他在有线电视上的热门节目《不可思议的克里斯・安吉尔》（*Criss Angel Mindfreak*）使他成为电视黄金时段最具特色的魔术师。是的，太阳马戏将不得不违反自己长期以来的规定——不得以大牌明星为中心来制作剧目（也就是我们所说的“演出本身才是明星”）。但克里斯・安吉尔的表演似

乎就是专门为拉斯韦加斯准备的；而如果说太阳马戏能从中获得什么意义的话，那就是打破我们自己强加的限制，去努力尝试各种新事物。

2008 年 10 月 31 日，《克里斯·安吉尔的信任之旅》在卢克索酒店开演，它遭到了严厉的（同时也是恰当的）批评。如果在首演式后与朋友见面时，他们只想与你谈论天气、家人或共同的熟人（总之是谈论除剧目以外的任何事情），那你就知道这部剧出问题了。那天晚上，问题很明显：我们尝试同时提高叙事性和戏剧性，结果两方面都搞砸了。演出既没有突出克里斯·安吉尔闻名的魔法，也没有体现出我们擅长的令人叹为观止的表演。我们试图在一部作品中塞进太多东西，导致它无论是作为魔术表演还是作为马戏演出都失败了。这是一个明显的错误，我们本来应该能早点发现，然而我们忙于同时制作 3 部剧作，没有进行足够的监督。

由于门票销售缓慢，我们对这部作品进行了两次大修。上演不到一年，我们就决定把太阳马戏的大部分表演从舞台上撤下，太阳马戏仅担任制作方的角色，而让安吉尔继续表演他的魔术。剧目恢复演出后，成功地运营到 2016 年春天，然后被《〈不可思议的克里斯·安吉尔〉现场秀》（*Criss Angel Mindfreak Live!*）取代，后者又继续演出了两年。

从商业的角度来看，我们认为这两出克里斯·安吉尔的剧目是成功的，因为它们在竞争激烈的拉斯韦加斯总共演出了 10 年。但从创意的角度来看，教训很明确：**要坚持你熟悉的业务，不要试图同时满足太多人的要求。**我并不是说把各种艺术内容混在一起就不行，《披头士之爱》已经证明了这一点；但关键的区别在于，在《披头士之爱》中，那些明星本人并没有上台演出。你能想象保罗·麦卡特尼在关于披头士的剧中与太阳马戏同台演出吗？那将是一场灾难。麦卡特尼会说：“我不想要在这里加入杂技表演。”“我不喜欢这种服装。”“麻烦你让那些跳舞的人到这里来。”克里斯·安吉尔的实验表明，当我们用自己的审美去迎合明星的需求时最终的结果会是什么：我们双方的目的都不能达到，观众们会感到困惑，不知道自己看的是什么样的作品。

不幸的是，两年后，当我们在拉斯韦加斯的驻场作品《猫王万岁》（*Viva Elvis*）在新开业的艾莉亚赌场酒店开演时，同样的事情再次发生。与克里斯·安吉尔那时一样，我们也将作品的重心只放在一个人物上（猫王以视频剪辑和录音的方式出现），而没有上演太阳马戏的杂技。我们掉进了我们在《披头士之爱》中尽力避开的陷阱，没有对猫王的音乐进行自己的视觉演绎，而是一味地讲述他的生平故事。正如我不断提醒我们请来的那几位导演的那样，人们不是为了听故事而来看太阳马戏的演出的。他们想要看的是惊人的奇观，而这正是《猫王万岁》这个作品所缺乏的。我们想取悦所有人——爱猫王的人、爱太阳马戏的人、爱 20 世纪 50 年代点唱机文化的人，结果却没讨好到任何人。2012 年 8 月，在上演不到一年半后，这部剧就被终止了。我提醒自己：太阳马戏不要再推出人物传记性质的剧目了！

不断去寻找新的挑战

作为公司的首席执行官，应对剧目陷入困境和经济大衰退二者同时发生的危机的责任，大部分都落在了我的肩上。这是我的本职工作，责无旁贷。2009 年，当盖伊因热衷于其他爱好而开始远离公司业务时，我的职责范围进一步扩大了。在这一年，他迎来了两个里程碑意义的事件——50 岁生日和太阳马戏成立 25 周年纪念，这让他渴望发起新的挑战。他天生不安分，喜欢冒险，不喜欢被束住手脚。他从没有想过 30 岁之后自己还会留在太阳马戏，然而20年后，他仍在这里，感觉前路迷茫。

盖伊向一位采访者解释说：“我情绪不太好。在街头（表演）时，一觉醒来，我爱去哪里就去哪里，南、北、上、下、左、右都行，没有人会对我说我做不到。我需要一些个性化的东西来给自己充充电。”

作为一个铁杆旅游迷，盖伊一直梦想着进行一次终极之旅：到外太空去转转。巧合的是，在那段时间里，他的好朋友、加拿大宇航员朱莉·帕耶特（Julie Payette）鼓励他抢到“太空旅行者”的最后一个座位，搭乘火箭前往国际空间站。这个座位需要花费3 500万美元，但盖伊从来都不把钱当回事——他总是被对新体验的渴望所驱使。有一天，他打电话对我说：“如果我想去太空，那就现在去，否则就永远也不会去了。所以，我要离开办公室6个月，为我的大冒险进行训练！”

我简直不敢相信自己的耳朵，但我真心为他感到高兴。在太阳马戏工作了8年之后，我已经学会了对一些古怪的行为有所预料，我只是从来没有想过我的老板会跑到外太空去！但这是与艺术家们打交道时必会遇到的事，你必须做好面对任何情况的准备，其中包括你公司的创始人和创意指导长期不在你身边，而原因只是他认为自己需要充电，于是决定去国际空间站进行为期10天的旅行。

不过，盖伊的动机并不仅是出于个人目的。他认为这是一个很好的机会，可以吸引人们关注他新近创立的慈善事业盖伊一滴水基金会，该基金会的目的是为世界各地的贫困人士提供清洁的饮用水。在盖伊6个月的艰苦训练结束后，我和他的朋友、家人，以及其他同事们一起来到位于哈萨克斯坦的一处军事基地，见证了激动人心的发射场面。我永远不会忘记：

在庄严的升空仪式上，盖伊穿着宇航服，戴着小丑的圆球状红鼻子。我们所有人都大笑不已，对着这位我们最喜欢的小丑直摇头。火箭呼啸着平安升空，我们都倍感宽慰。

3 天后，在回蒙特利尔的高速公路上，我的电话响了。“你好，丹尼尔，我是盖伊！”那一刻，我成了人类历史上少数几个接到正在绕地球飞行的老板从太空舱里打来的电话的人之一。他想讨论一下他正在推进的剧作的一些细节问题。是的，即使身处遥远的太空，盖伊仍然是一名制作人和演出经理人。他正在组织一个时长两小时的派对，将在电视和互联网上播出，以提高人们对他的一滴水慈善基金会的认识。我们这位“现代 P. T. 巴纳姆”[①] 正在 14 个城市组织活动，包括莫斯科、里约热内卢、蒙特利尔和坦帕湾（Tampa Bay），内容以 U2 乐队的音乐为主打，美国前副总统阿尔·戈尔也将在舞台上亮相。

2009 年 10 月 11 日，盖伊和两名宇航员乘坐俄罗斯“联盟号”宇宙飞船返回地球，通过降落伞在哈萨克斯坦北部某地安全着陆。看到他从太空舱中被抬出来的报道，我乐坏了：他仍然戴着他的小丑鼻子，咧着嘴巴大笑。那一刻对我们的员工来说是一个巨大的激励，有力地提醒我们所有人去寻找新的挑战，不管它们会带我们离开舒适区有多远。

这并不意味着你必须像盖伊那样坐火箭飞到外太空，或者像传奇企业家理查德·布兰森和杰夫·贝佐斯那样自己造宇宙飞船。**你所追求的任何真正具有激情的事物，都有助于向同事们传递你和公司的价值观。**

① P. T. 巴纳姆（Phineas Taylor Barnum），19 世纪美国马戏界传奇人物和营销大师，有“马戏之王”之称，因首创将杂技、小丑、杂耍、驯兽等马戏表演内容整合规划为完整演出，故也被誉为“马戏团鼻祖”。——译者注

无论多么有利可图，都不能损害品牌形象

盖伊去冒险的这段时间里，我们的麻烦更大了。全球经济仍步履维艰，但我们却没有吸取教训，没有放缓开发项目的脚步。显然，我们本应在一段时间内完全停止制作新剧目，或者就只制作一部。然而，我们却胆大妄为地在 2009 年 4 月和 11 月分别推出了《虫林森巴》（*Ovo*）和《极速香蕉》两部作品。

《虫林森巴》的灵感来自昆虫世界，内容也完全符合太阳马戏的传统，如果我们能把全部精力集中在这个项目上，也许就会平安无事。我们那些世界级的艺术家，精心打扮成瓢虫、蜻蜓、蜘蛛、蝴蝶和蟑螂，用大胆的蹦床、空中丝绸、铁环和空中飞人等表演惊艳了观众。尽管经济低迷，《虫林森巴》的门票依然卖得很好，持续巡演长达十多年。

《极速香蕉》的情况则完全不同。毫无疑问，它是太阳马戏历史上最大的失败。这部作品的诞生是基于一个令人兴奋的想法：既然我们重塑了马戏艺术，也许我们可以对其他过时的表演类型做同样的改变，就先从歌舞杂耍表演开始吧。19 世纪诞生于法国的歌舞杂耍表演是一种类似于马戏的艺术形式，融合了音乐、喜剧、魔术、腹语术、小丑、杂耍等多种技艺，到 20 世纪 30 年代初之前一直在美国和加拿大大受欢迎。如果太阳马戏能够以现代的方式复兴歌舞杂耍表演，可能会创造一种全新的驻场娱乐方式，再次创建一个罕有竞争对手的娱乐市场，就像我们之前对马戏艺术所做的那样。

我们的计划是于 2009 年底在芝加哥进行一次外地预演。一旦成功，我们就可以在纽约曼哈顿那座经过重新装修、拥有 2 900 个座位的碧肯剧

院获得常驻演出的权利，进而征服纽约。既然我们的口头禅是“不断挑战自己”，而且我们将与充满故事性的百老汇作品进行竞争，那么我们决定放弃以往对杂技表演的强调，转而采用更具叙事性的风格。我们很高兴地与作家兼导演的戴维·夏纳（David Shiner）签了约。他因在我们早期的巡演作品《奇异幻境》（*Nouvelle Expérience*）中出色的小丑表演，早已成为太阳马戏的传奇人物。1993 年，夏纳与他人联合创作了后来荣获托尼奖的百老汇音乐剧《傻瓜月亮》（*Fool Moon*）。他还自编自导了我们的巡演作品《浪迹天涯》，该剧于 2007 年首演。

夏纳和他的团队创作了一个穿插着音乐和舞蹈的故事。故事讲的是一个嗓门很大、雄心勃勃的戏剧制作人马蒂·施梅尔基与一些愚蠢的伙伴的互动：他的助手玛格丽特陷入困境，焦头烂额；三个小丑不停地破坏他的试镜，制造混乱。剧中安排了一些杂技表演，但没有我们的粉丝们期待的高空秋千、吊带等真正令人惊讶的空中特技表演。

在该剧的开发过程中，问题明显地日益恶化了：我们对该项目进行讨论时通常围绕我们不想要什么展开，而不是关注我们想要什么。我们只是刻意地避免那些我们认为会限制我们的标签，比如“百老汇”或“音乐剧”等。因此，对于这部剧将要做成什么样子，我们从来没有过清晰的认识。

当《极速香蕉》于 2009 年 11 月在芝加哥上演时，遭到了毫不留情地批评。《每日先驱报》（*Daily Herald*）称它为“一场难以理解的混乱”。《风城时报》（*Windy City Times*）则感到困惑：“一部拥有如此丰富资源的剧作，怎么会陷入如此幼稚和乏味的泥潭？”某些从未看过太阳马戏表演的观众似乎看得还挺高兴，但我们的忠实粉丝们离开剧场时则非常失望。

尽管如此，我们还是觉得能够拯救这部作品。在芝加哥的演出结束后，我们转移到了碧肯剧院，对作品进行了彻底检修，首演时间则从2010年2月初推迟到4月底。考虑到纽约的观众和评论家们都是见过世面的，标准一向很高，我们在2 000万美元预算的基础上又增加了500万美元，改变了故事情节，增加了新动作，换掉了一些演员。但这却让情况变得更加糟糕。我们无法在这里进行一场典型的太阳马戏的高空杂技表演，因为碧肯剧院是一座古老的地标性建筑，这里的场地无法支持我们使用所需要的各种复杂索具，而我们当然也不能像在现代化的拉斯韦加斯度假酒店所做的那样破坏这个地方。

当盖伊来到预演前的彩排现场时，他可能宁愿自己留在外太空不回来。看完这场融杂耍、戏剧、小丑和杂技于一炉的乏味演出后，盖伊与我、吉勒斯·斯特-克鲁瓦一起坐在大厅的地板上，他摇着头说："我的上帝，这是什么？这部剧太糟糕了！"此时想取消开幕夜已经太晚了，所以我们还是硬着头皮开始了演出。我们再次收到了负面的批评，演出票房惨淡。在运营过程中，我们做了一个市场调研，结果显示：如果这部剧作继续演下去，我们的品牌将会受到巨大影响。

2010年6月底，在这部剧上演不到两个月之后，我们就停止了演出。我们做了最后一次努力去挽救它，于9月在多伦多重新上演。但3周后，我们再一次停掉了《极速香蕉》的演出。我们公司总共损失了大约800万美元。我们的合作伙伴、碧肯剧院的所有者麦迪逊广场花园公司（Madison Square Garden Corporation），也因为这部剧损失了800万美元。但该公司娱乐部当时的负责人杰伊·马西亚诺（Jay Marciano），在这整场磨难中都非常理解和支持我们。作为一名现场娱乐行业的资深人士，他非常清楚演出可能会大火，也可能会惨败。他的耐心和善意促使太阳马戏与安舒茨娱乐集团（AEG）建立了牢固而长久的关系——安舒茨娱乐集团是我们在世界各地一些巡演中的合作伙伴，马西亚诺现在是它的首席运营官。

从《极速香蕉》这个项目中，我们可以吸取很多教训。很显然，我们应该在项目开发的早期就发现问题。我们应该更清楚地界定我们的使命。在我看来，我们最大的失败是没有意识到自身品牌的局限性。是的，我们一直想要开发一个新剧目来取得突破，但我们必须以一种烙上太阳马戏鲜明印记的方式来做。我们没有这么做，我们犯了在《克里斯·安吉尔的信任之旅》和《猫王万岁》中犯下的同样错误：让人觉得它不像是太阳马戏的作品。如果我们从一开始就有意识地决定从根本上背离我们的过去，全心全意致力于一场现代化的歌舞杂耍表演，完全不掺杂任何杂技，那么这场赌博也可能会有回报，但前提是我们得把“太阳马戏”的名号从广告中去掉，这样人们就不会对他们所期待的东西产生错误的幻想。

如果你让刚刚看完太阳马戏演出的人来描述刚才所看到的东西，他们的回答通常是“这不是真正的马戏表演，不是音乐剧，不是歌剧，也不是舞蹈表演”；他们会说：“它真的是所有的一切。”这很好地解释了我们所创造的是一种什么样的新型现场娱乐形式。我们的粉丝们走进我们的大帐篷、剧院或圆形剧场，期待的是一场独一无二的体验，它有着令人惊叹的视觉效果和惊险刺激的杂技表演。如果我们不能给予他们这些，他们就会失望地离开，我们的品牌就会受损。

这个教训适用于任何行业。如果你经营一家法国餐厅，却在店里供应墨西哥卷饼，你的顾客会非常困惑。养生保健公司则应该远离可能有害健康的、有争议的疗法和药物。**无论那些远离的业务看起来多么有利可图，**

你也最好不要冒可能会损害公司形象的风险。如果你的客户对你的变化感到不满意，那么你需要尽快止损。当我们停掉《极速香蕉》时的确损失了很多钱，但固执地继续演下去，可能会对我们的品牌造成巨大的损害。它不值得我们去冒这个险。

为员工提供一个安全的环境

为了避免大家认为太阳马戏完全脱离了以前的轨道，我要说明，在这段时期里我们也取得了一些巨大的成功。我们的巡回演出作品《图腾》（*Totem*，2010 年），由 *KÀ* 的创作者罗伯特 · 勒帕吉执导，该作品采用大量的神话传说来赞美人类的演化。弗朗索瓦 · 吉拉德（François Girard）是著名电影《关于格伦 · 古尔德的 32 部短片》（*Thirty Two Short Films About Glenn Gould*）的导演，我们请他创作了《蛇窝》（*Zarkana*，2011 年）。《蛇窝》讲述了一个魔术师在一次超现实的冒险中遇到一系列奇幻生物的故事。该剧在纽约无线电城音乐厅和莫斯科克里姆林宫演出时门票全部销售一空，之后又到马德里进行演出，接着在拉斯韦加斯的艾莉亚赌场酒店取代了《猫王万岁》。在洛杉矶柯达剧院驻场演出的《彩虹女神》（2011 年），由《人类动物园》的前导演菲利普·德库夫采用电影史上的各种图像，创造出一种令人惊叹的体验（不过，事实证明洛杉矶的市场环境对现场娱乐很不友好，16 个月后《彩虹女神》就停演了）。由戏剧和歌剧导演黛安娜 · 保卢斯（Diane Paulus）执导的《月亮母亲》（*Amaluna*，2012 年），是一部以莎士比亚的《暴风雨》为灵感创作的、以女性为中心的华丽作品，得到了观众的一致好评。

在我们回归的过程中，灾难再次降临，不过这一次原因不在于我们。2011 年 3 月 11 日，日本有记录以来最强烈的一次地震引发了一场巨大的海啸，海浪高达 9 米，导致 1 万多人死亡，并导致福岛第一核电站发生炉心熔毁。当时我们在东京有两出剧目上演——在东京迪士尼乐园驻场演出的《泽德》和巡回演出《浪迹天涯》。灾难一发生，我们立刻进入全面危机的模式。

海啸在周五袭来，所以我花了一个混乱的周末来确保 300 名员工的安全。虽然大部分洪水发生在远离东京的地方，但致命的放射性物质仍不断从受损的福岛反应堆中喷涌而出，当局担心它会到达东京。我疯狂地接打电话，陷入了一场拉锯战中：我们在日本的合作伙伴恳求我把演职人员留下来，这样一旦局势恢复正常，演出就可以迅速恢复；而另一方面，员工和他们的家人则不顾一切地想尽快离开这个国家。

我知道所有的员工都在密切地关注着我，他们将根据我们做出的决定来评判我们。我曾在年度报告中反复告诉他们，我们会永远保证他们的安全，现在，是兑现承诺的时候了。把我们的整个团队空运出日本意味着巨大的财务损失，但此时此刻看这些数字毫无用处。我们决心尽快让员工离开，为此购买了 300 张机票，把两出剧目的所有演职人员都转移到中国澳门。在那里，他们可以用我们的常驻剧目《萨雅》的场地继续训练，直到日本的局势好转。

根据我在早年职业生涯中处理危机的经验，我知道迅速果断地采取行动至关重要。合作伙伴最终同意了我们的决定，让我们的员工离开日本，因为放射性沉降物的威胁显然并没有减少。后来，事实证明毒云并没有到达东京，但当时我们没有办法知道这一点。如果这座城市被放射性物质侵入，我永远不会原谅自己把团队留在此地，员工也不会原谅我们。我们做出了相反的选择，采取了迅速而彻底的保护措施，让他们深受感动。

短暂的停演之后（《浪迹天涯》停演了 4 周，《泽德》停演了 6 周），我们在 2011 年 4 月恢复了演出。后来因为日本经济受到重创，我们不得不在年底前永久停演《泽德》。但从另一个角度来看，这部作品可以说是取得了巨大的成功。它在日本演出超过了 1 000 场，卖出 100 万张票的速度超过了日本之前演出的任何一部剧作。

为员工提供一个安全的环境，是每家公司的领导人最重要的责任之一，在创意组织里尤其如此，因为这其中会涉及太多的风险。有时我们敞开心扉，变得更加脆弱，风险是情感和心理上的，因此提供一个没有草率判断或非建设性批评的安全空间就至关重要；有时风险则是身体上的，比如我们的艺术家挑战人类潜能的正常极限、表演那些令人难以置信的大胆动作的时候。

在太阳马戏，我们一直非常重视保护员工避免使他们遭遇马戏表演中常见的危险，尤其是在这个行业的舞台技术变得越来越复杂的情况下。比如，在水上秀 *O* 中，我们开发了一套复杂的安全检查系统，使用水肺潜水员担任水下舞台管理员、电工和木匠等，以确保一切正常运行。表演者也接受广泛的安全训练，包括在空中尝试之前先在地面完善动作。我们的艺术家们与安全人员一直保持无线电联系，我们对每一场演出的每一个表演都备有多个救援计划。事实上，我们的安全措施是如此严格，以至于艺术家们经常感到拘束和厌烦。他们许多人更喜欢依靠自己的技能和勇气行事，尽管如此，我们还是坚持我们的做法。

考虑到正常年份里我们在世界各地举办的演出多达数千场，我们的安全记录是惊人的。不幸的是，就像每个行业一样，事故总会发生。近 30 年来，我们公司从未发生过死亡事故。然而，在 2013 年 6 月的一个晚上，就在我们似乎要走出太阳马戏历史上最艰难的时期时，最可怕的噩梦发生了。

我至今仍清楚地记得那个夜晚。在拉斯韦加斯的新剧目《迈克尔·杰克逊一号》首演后的联欢晚会上，我正喝着美酒，乐在其中，我们的一名员工打断了我与美高梅国际度假酒店集团首席执行官吉姆·穆伦的谈话，要求与我谈谈。我有点恼火，礼貌地说我正在与人交谈，但他坚持把我拉到一边，小声地告诉我在 *KÀ* 的演出过程中发生了可怕的事故，我们的一位艺术家命悬一线。我大吃一惊，赶紧向他道歉，然后离开派对回到我在酒店的房间，在那里我们成立了一个危机应对小组。我被告知，这名艺术家是来自巴黎的 31 岁杂技演员萨拉·古亚德－吉洛（Sarah Guyard-Guillot），她因一根安全绳意外脱落而摔了下来。一小时后，我们惊恐地得知她因伤势过重而离开了人世。

那一刻大家心里都很难过，但我们没有时间陷入绝望。我必须专注于眼前的重要工作：抚慰古亚德－吉洛的前夫（他也在 *KÀ* 剧组工作）和他们的两个孩子。验尸官和政府官员立即开始调查，我们也得配合他们的工作。我们还必须与媒体和惊恐不安的员工进行沟通。

第二天早上，我会见了拉斯韦加斯 *KÀ* 剧组的演职人员，这是我一生中最痛苦的事情之一。包括我在内的所有人都流泪了。我知道我的主要工作是让他们所有人都感到安全。所以，在承认我们全都感到震惊和悲伤之后，我告诉他们，在觉得完全准备好之前，他们不必回到舞台上："演出什么时候重新开始，由你们来决定。"我向他们保证，古亚德－吉洛的两个孩子会得到照顾。除了我们的人寿保险提供的赔偿金，后来我们还为两个孩子设立了信托基金，作为他们长大后上大学的费用。我们也为古亚德－吉洛在欧洲的家人购买了机票，让他们可以前来参加葬礼。我们的人力资源部门成立了一个员工支持团队，由专门处理此类危机的心理专家组成。在这件事以及其他事情上，我们的作为超出了一般企业的义务范围，因为我们把员工视为家人。展现善良、同情和慷慨至关重要。为了帮助大家进行悼念，我们为古亚德－吉洛的家人和朋友安排了一场私人葬礼。

在两周的停顿之后，这些艺术家告诉我们，他们已经准备好重新开始训练了。几天后，演出又开始了。

我真希望我能说那是我们唯一一次经受那种折磨。然而，在 3 年后，我们 43 岁的技术员奥利维尔 · 罗切特（Olivier Rochette）在为旧金山的巡回演出《露西亚》（*Luzia*）做准备时，被伸缩升降机击中身亡。这件事尤其让人伤心，因为罗切特是我们的联合创始人吉勒斯 · 斯特－克鲁瓦的儿子。我不得不亲自打电话把这个消息告诉斯特－克鲁瓦，这又是一个令人痛苦的时刻，那种感觉至今仍萦绕在我的心头。2018 年，我们 38 岁的空中吊带表演者雅恩 · 阿尔诺（Yann Arnaud）在佛罗里达州坦帕市演出《沃尔特》（*Volta*）时从空中摔下身亡。

每次事故发生后，我都会去演出现场，与演职人员见面。与第一次事故时一样，我让他们来决定什么时候重新开始演出。我认为这一点至关重要：不要让员工们感觉受到来自公司的任何压力。我们的经济损失并不重要；我们最关心的是他们的健康和利益。

有一点可以确定：随着演出数量的增加，发生事故的可能性也有所增加。但即使发生了好几次如此可怕的事故，员工们也知道我们已经采取了一切必要的预防措施。任何一场演出，安全措施都要经过美国职业安全健康管理局（Occupational Safety and Health Administration）等官方机构的彻底检查，更不用说我们自己还要按照严格程度超过了法律要求的标准来进行检查，不合格就不能开演。

另一项我们非常重视的承诺是保护每一位员工的工作，但同样的，有时也无法做到这一点。没有一家公司能在巨大的市场力量冲击下幸免，我们当然也不例外。尽管在全球经济衰退最严重的几年里，太阳马戏坚决抵制大范围裁员，但到了 2012 年底，由于收入急剧下降，这种情况还是无法避免。因为我们的剧作开发周期一般都比较长，所以经济低迷的影响在一定程度上有所延迟，但它最终还是影响到了我们。在短短一年多的时间里，我们停演了 4 个剧目，首先是 2011 年 12 月底《泽德》停演，接着第二年是《萨雅》和《猫王万岁》，然后 2013 年 1 月是《彩虹女神》。

因为短时间内停掉了这么多剧目，我们没有足够的新作品来重新雇用我们的专职演员和工作人员。那时候，我们终于决定做一下自我限制，将新剧目减少到每年推出一部。于是，在 2013 年 1 月 16 日，我们宣布了一个痛苦的决定：解雇 400 人。这个数量大约占我们 5 000 名员工的 8%。

它对每个人来说都是痛苦的经历，当然也是我生命中最糟糕的一天。我在公众面前保持乐观的状态，但私下里却非常沮丧。当我与其他大型娱乐公司的同行交谈时，他们并不理解我为什么会因为裁员的事而沮丧。在他们看来，通过裁员来削减成本只是公司的常规操作，但这对我们来说却是戏剧性的事件。太阳马戏一直很赚钱，我们以前从来没有经历过这样的事情。好在大多数员工都知道，我们只有在别无选择的情况下才会采取如此极端的措施。他们明白，公司的未来已是危如累卵。

风暴平息后，太阳马戏的情况开始好转。我们制作新剧目的步伐已经放缓到一个更具持续性的速度，2013 年看起来充满希望。在此期间，我们策划了一出成功的巡演——2011 年的《迈克尔·杰克逊：不朽世界之旅》(*Michael Jackson: The Immortal World Tour*)，并于 2013 年 5 月在拉斯韦加斯的曼德勒湾赌场酒店将其改造成盛大的驻场演出。

就像一个踩在香蕉皮上滑倒的小丑一样，太阳马戏站起身来，掸掉身上的灰尘，又回到工作中去。

B A L A N C I N G A C T S

太阳马戏的创意管理

- 理解并尊重彼此的角色和才能，对于领导层的顺利交接至关重要，尤其是在一家产品能直接反映创始人艺术眼光的创意型企业之中。
- 艺术家可能会比较热情奔放，但当领导团队内部的冲突暴露在大庭广众之下时，不加约束的情绪可能会影响员工的士气。
- 如果你想让员工感到安全，专心工作，你就必须表现得像一个意见统一的团队。
- 决定是否开始一个新项目时可以先考虑以下四个问题：这是一个具有创造性的挑战吗？你的合作伙伴与

你有共同的价值观吗？你们能盈利吗？你的合作伙伴参与社会活动吗？

- 激情是好事，是真正创意的先决条件，但必须小心处理激情，以免你的公司不堪重负。
- 要坚持你熟悉的业务，不要试图同时满足太多人的要求。
- 你所追求的任何真正具有激情的事物，都有助于向同事们传递你和公司的价值观。
- 无论那些偏离品牌形象的业务看起来多么有利可图，你也最好不要冒这种风险。如果你的客户对你的变化感到不满意，你就需要尽快止损。
- 为员工提供一个安全的环境，是每家公司的领导人最重要的责任之一，在创造性的组织里尤其如此，因为这其中会涉及太多的风险。

BALANCING ACTS

第5章

让每一个成员都感觉自己是创造性过程的一部分

当员工做自己喜欢的事情时，
他们给自己的推动力比任何
管理者能给的都大。

BALANCING
ACTS

借助一场悲剧，太阳马戏打了一场翻身仗。

2009 年 6 月 25 日，迈克尔・杰克逊因过量服用安眠药而死于心脏骤停。他是一位饱受尊敬的艺术家，为他在世界范围内的数百万伤心欲绝的粉丝（包括我们太阳马戏的许多人）举办一场致敬音乐会，只是时间问题。最有可能操办这场音乐会的是体育和音乐巨头安舒茨娱乐集团，该集团当时正准备在伦敦的 O2 体育场举办 50 场杰克逊的演出，门票都已售罄，计划开始的时间在他离世前不到三周。这项活动本将打破在一个城市中观看一位艺术家演出的观众人数最多的纪录。

杰克逊是太阳马戏的超级粉丝，我们所有的演出他几乎都看过。我刚到这里不久时，他有一次甚至要我私下带他到我们在蒙特利尔的总部看看。我永远不会忘记那一天，我带着他和他的两个孩子四处参观。杰克逊被我们的服装部门迷住了，整个参观过程的大部分时间都呆在那里，一会儿要求看令人眼花缭乱的演出服装，一会儿想看愚蠢小丑的装备。离开之前，他提议说也许有一天我们可以一起合作。他去世后，我后悔错过了机会，开始构思如何举办一场纪念他一生的演出活动。随后我打消了这个念头。考虑到安舒茨娱乐集团一直在策划的大型演唱会系列，该集团应该是制作迈克尔·杰克逊致敬演出的不二选择，所以我即便是想一想也是在浪费时间。

认真倾听员工的意见

但不知怎么回事，我和我的员工们都无法忘记这个想法。每当在走廊里相遇时，他们就会问我："丹尼尔，我们什么时候做一出关于迈克尔·杰克逊的剧目？"那时，《披头士之爱》已经在拉斯韦加斯演出了 3 年，场场爆满，所以大家都知道，我们有能力围绕一位标志性的明星打造一项精彩的活动。但我确信，安舒茨娱乐集团比我们有优势。

员工们不停地问我这件事，我则朝他们耸耸肩，这种情况反反复复持续了好几天。我承认，我的胆子有点小了，也可能是因为害怕被拒绝吧。公司的员工们更清楚这一点，他们几乎是抓住我的衣领大声喊："丹尼尔，醒醒！我们必须要做一出关于迈克尔·杰克逊的剧目！"

最后，我鼓起勇气往杰克逊的庄园打了个电话，联系上了约翰·布兰卡（John Branca）。多年前，布兰卡代替杰克逊的父亲约瑟夫·杰克逊担任了其经纪人，他也是杰克逊遗产的共同执行人。"你打电话来真是太巧了——我们刚刚还在谈论你呢。"他说，"杰克逊的妈妈昨天打来电话说，如果世界上有一家公司可以完美地打造纪念演出，那就是太阳马戏。"

我挂了电话，笑得合不拢嘴。现在，当我在走廊上遇到员工们的时候，我会说：“猜猜我刚才给谁打电话了？我们要做一出关于迈克尔·杰克逊的剧目啦！”

回顾一下这件事，我得到的教训很清楚：**要成为一家真正有创意的公司，你必须认真倾听员工的意见。**毕竟，你雇用他们是希望他们能积极主动、志存高远，所以为什么要忽略他们的想法呢？有时他们比决策者看得更清楚，因为决策者只会想到许许多多的障碍，和让大胆的新项目不能推行的无穷无尽的实际原因。

倾听员工的意见可以让你避开灾难。我注意到，在商业世界中有很多这样的例子。比如，三星公司的一些员工曾警告说 Galaxy Note 7 的设计非常危险，但公司没有理会他们，还是在 2016 年 8 月发布了这款智能手机。不出几周，该款手机便出现了爆炸和着火等情况，三星不得不召回产品并最终停掉了该生产线。想要防止数十亿美元的损失和公司品牌的严重受损，你所要做的就是关注最了解产品情况的那些员工。

在谈判前做好一切研究工作

尽管迈克尔·杰克逊的遗产管理团队对我们的认可令我倍感兴奋，但我知道，要做成这笔生意还有很长的路要走。其他知名制作人也在紧锣密鼓地展开攻势，我知道我必须把自己所有的招数都用上才行。

那时我已经开始把商业谈判视为一个创造性的过程，一个需要丰富的想象力和自发性的过程。做研究是一个关键因素，它不仅能告诉你谈判的主要参与者是谁，还能告诉你与他们交谈时该按哪个按钮。另一位杰克逊的遗产执行人是他的老朋友约翰·麦克莱恩（John McClain）。我知道，除非我能让布兰卡和麦克莱恩相信太阳马戏是他们唯一需要的合作伙伴，否则就无法做成这笔生意。

当我们在洛杉矶见面时，我看得出布兰卡是站在我这边的，但麦克莱恩则将信将疑，我必须快速思考应对策略。随后，我想起麦克莱恩是洛杉矶湖人队的铁杆球迷。我知道科比 · 布莱恩特率领的湖人队最近成了 NBA 总冠军，在 5 场比赛中击败了奥兰多魔术队，所以我转向麦克莱恩说："听着，所有问题基本上都可以归结为一个选择，你愿意为湖人队打球还是为奥兰多魔术队打球？"

我知道把我们公司与那支传奇的篮球队相比的做法有点冒险，但就像盖伊认为把太阳马戏放在与披头士同样的创意水平上没有问题一样，我相信我们可以不辜负迈克尔 · 杰克逊的艺术水平。这一步棋奏效了。麦克莱恩开始把我们视为娱乐圈的洛杉矶湖人队，很快我们就达成了协议。从那以后，无论什么时候见面，麦克莱恩都叫我"湖人队的伙计"。这提醒我，下次进行艰难的谈判时一定要做好研究工作。

警惕自满情绪，一次成功不代表下一次也成功

正如与披头士乐队合作时那样，我们并不是单纯地想获得迈克尔 · 杰克逊的音乐版权，那是任何一个制作人都可以做到的，但音乐授权并不意味着你就有权使用歌手本人的形象（影像），无论你是不是像披头士的疯狂粉丝或猫王的模仿者那样对其作品进行翻唱。很显然，我们对那种纯模仿的方式不感兴趣。我们的目标始终是获得对表演者本人或他们的遗产的许可，并与他们密切合作，为他们的作品创造一个新的诠释。

我们的计划是先举办一场名为“迈克尔·杰克逊：不朽世界之旅”的巡回演出，于 2011 年 10 月首演（与往常一样，巡演从蒙特利尔开始）。在这一年，我们已经准备着要推出《蛇窝》和《彩虹女神》，所以在全球金融危机后我们正试图放慢制作速度之时，再开启另一个堪称鸿篇巨制的项目，着实让我有点紧张。但像纪念迈克尔·杰克逊这样的传奇人物的机会，并不是每天都能得到的，所以我觉得我们必须前进，尽管风险重重。

如果我们计划得足够好，我们认为还可以同时在拉斯韦加斯的曼德勒湾度假酒店推出一个独立的剧目，我们将其命名为“迈克尔·杰克逊一号”。因为驻场演出要复杂得多，需要对剧场进行全面翻修，所以准备的时间很长，要到两年后才能上演。这两部剧作都由杰米·金（Jamie King）执导，他是一名舞蹈演员，曾与杰克逊一起巡回演出，后来又执导过麦当娜、席琳·迪翁和小甜甜布兰妮等明星的演唱会。就像《披头士之爱》一样，我们重新构思并对杰克逊的原声唱片进行了混音，这次我们邀请了蕾哈娜的制作人凯文·安图尼斯（Kevin Antunes）来打造美丽的音乐景观，推动演出。我们还组织了一个顶级的编舞团队，团队中的一些人曾与杰克逊本人合作过。

巡回演出和驻场演出是完全不同的。在巡回演出中我们必须尽量轻装上阵，这限制了我们的技术能力。比如，我们在拉斯韦加斯的水上秀 *O* 就不可能进行巡回演出，因为我们无法带着装有 568 万升水的泳池到处跑。巡演作品《迈克尔·杰克逊：不朽世界之旅》就像一场舞台摇滚音乐会，是混合舞蹈和杂技表演的音乐演出；而驻场演出允许更复杂的索具和设计。因此，杰米·金为在拉斯韦加斯的驻场作品想出了一个全新的概念，创造了 4 个“不善于与人相处的人”，分别叫笨笨、羞羞、骄骄和悄悄。他们在畅游迈克尔·杰克逊音乐世界的过程中发生了改变，得到了提升。

巡演可以说是取得了巨大的成功。上演仅两个月，该剧在北美地区的票房就超过了 1 亿美元，成为北美大陆最顶级的巡演剧目。之后，我们又前往欧洲、亚洲各国，以及澳大利亚、新西兰和中东国家等 27 个国家进行巡演，最后于2014年8月回到北美，将3.71亿美元收入囊中。根据《公告牌》（*Billboard*）杂志的报道，这使它成为有史以来票房收入第 8 高的巡回演出。

然而，成功很容易导致自满。**你的一个产品取得成功并不意味着下一个产品也会成功，即使它们极其相似。**看看 20 世纪 80 年代中期可口可乐公司推出“新可乐”的失败案例，用其时任首席执行官罗伯特 · 戈伊苏埃塔（Roberto Goizueta）的话来说，那是“一个错误，一场灾难”。顾客可能会对心爱的产品吹毛求疵，所以你在进行调整之前一定要非常小心。

就我们的案例而言，人们对迈克尔 · 杰克逊巡演秀的狂热追捧助长了我们的狂妄自大。我们确信我们会再次取得胜利。但是，尽管我们在探索杰克逊的作品体系方面取得了巨大的领先优势，同时也打造了《迈克尔 · 杰克逊：不朽世界之旅》这样的成功之作以及全明星的导演、编舞和表演艺术家团队，但在开幕前一个月，《迈克尔 · 杰克逊一号》还是遇到了麻烦。

当我们首次邀请迈克尔 · 杰克逊遗产管理团队的合作伙伴们到拉斯韦加斯观看彩排时，我们知道出问题了。演出糟透了，大家都心知肚明。我们的合作伙伴很不高兴，要求我们立即推迟首演。然而，在太阳马戏工作了 10 多年之后，我知道即使是我们最成功的作品也会花很长时间进行磨合，所以在此时此刻保持镇定非常重要。“给我们一个星期的时间，”我恳求他们，“如果改不好，我们再推迟开幕。”

他们同意了。盖伊加入进来，开始施展他的魔力。他目标清晰，直接将一段表演整体删掉，并对其他的表演重新进行了编排。这需要我们的制作团队做大量的工作，好在他们早已经习惯了。打磨剧作是一个非常复杂和微妙的过程，通常只有到临近首演之夜时才能知道效果如何。这要求演职人员经验丰富、足够敏捷灵活，可以随时对一部剧进行大改。

一周后，当迈克尔·杰克逊遗产管理团队的人再次进入剧场时，他们目瞪口呆。简直是在看一部完全不同的作品，他们说，这是一部他们非常喜欢的作品。“你们是怎么做到的？！”他们大喊道。我只是笑了笑，耸了耸肩，然后回答说：“就是做了我们会做的事。”

2013 年 6 月，《迈克尔·杰克逊一号》在维加斯首演，立即引起轰动，成为我们第二畅销的剧目，仅次于 *O*。在《猫王万岁》失败之后，我们有必要证明《披头士之爱》的成功并非侥幸。而《迈克尔·杰克逊一号》证明，我们确实已经创造出了一种基于著名艺术家作品的新的演出类别，可以将该艺术家和太阳马戏的粉丝都吸引过来。①

就收入而言，《迈克尔·杰克逊一号》目前在流行音乐节目史上排名第 5（排在滚石乐队和 U2 乐队的各两个节目之后）。同样重要的是，在经过了几年的困苦之后，它鼓舞了我们公司的士气。当我们回到最擅长的领域，制作出高端大气、票房大卖、好评如潮的剧目时，公司总部的士气

---

① 出于尊重，在 2019 年 HBO 电视台播出纪录片《离开梦幻岛》（*Leaving Neverland*）后，我们暂时撤下了对本剧的宣传，在那部纪录片中，两名男子声称遭到了迈克尔·杰克逊的性侵。我不想就该纪录片涉及的事实和问题提起诉讼，我只想说，尽管我们接到了一些投诉，但市场还是决定让本剧继续演下去。我们的门票销售一度短暂下滑，但随后强劲反弹，因为杰克逊的大批粉丝依然坚定地支持他。

再次高涨。我们发誓要警惕自满情绪，因为我们知道不可能总是依靠盖伊和出色的制作团队在最后时刻把我们从困境中解救出来。但我们还是又一次从帽子里变出了兔子——这是一个充满希望的迹象，表明我们已经开始卷土重来了。

在内部培养人才，保持竞争力的关键

在第 2 章中，我谈到了引入外部人才以激发组织内部新思维的重要性。聘用罗伯特·勒帕吉（*KÀ*《图腾》的导演）和多米尼克·尚帕涅（《魔幻森林》《披头士之爱》的导演）对我们来说是一个重大的转折点：我们证明了太阳马戏不必依赖于单个导演的眼界，不管这位导演多么有才华。

环境在不断变化，而如果说创意意味着什么的话，那就是它能够适应各种情况。经过了 10 多年一个个外聘的杰出导演取得的成功之后，我们意识到，我们可能偏离另一个方向太远了。我们忽视了每家公司都必须掌握的保持竞争力的关键过程：在内部培养人才。

这并不像听起来的那么简单，管理者们可能会陷入对自己员工熟视无睹的陷阱。你每天都看到他们在工作，而意识不到他们可能有着尚未被挖掘出来的潜能或承担更大责任的能力。管理者们很容易会把员工关到盒子里，使得他们的才能无法施展。法律和金融服务等行业就因这种倾向而臭名昭著，员工们经常会等上几十年才能晋升到真正有权力的职位。更年轻、更灵活的公司，尤其是在科技行业里的，往往在鼓励内部流动性方面做得更好。员工的激情和创意是公司最宝贵的资源。如果他们确实有能力——或者至少有潜力，并且比任何外人都更了解公司的文化和价值观，为什么不给他们一个机会呢?

在太阳马戏，我们花了一段时间才发现，公司里有一颗闪闪发光的宝石藏在我们的眼皮底下，他就是米歇尔·拉普里斯（Michel Laprise）。做了近 10 年的演员和戏剧导演之后，他于 2000 年来到我们的选角部门工作。在最初的几年里，太阳马戏依靠外聘导演获得了巨大的成功，所以像拉普里斯这样的人没有登上导演宝座的既定途径。我们甚至不知道，孩提时代的拉普里斯在魁北克市，从拉开帆布帐篷、惊讶地第一次看到太阳马戏的表演的那一刻起，就立志想要执导一部太阳马戏的作品。

在选角部工作了几年之后，拉普里斯鼓起勇气向盖伊提出了想当导演的事。他俩都知道他暂时还没有能力去负责一出耗资 3 000 万美元的巡演剧作，但显然拉普里斯很有潜力。因此，我们让他从一些较小的、被我们称为“特别活动”的任务开始做起，主要是一些重要事件的庆祝活动：庆祝菲亚特博悦汽车在意大利上市（2007 年）；魁北克市建立 400 周年纪念（2008 年）；在 2010 年电子娱乐博览会上推荐微软产品；麦当娜在 2012 年超级碗中场秀的演出（他后来也执导了她的世界巡回演唱会）。

拉普里斯逐渐跻身一流导演的行列，此时盖伊知道他已经有能力做好巡演剧目，于是便有了 2014 年的《奇思宝柜》（*Kurios: Cabinet of Curiosities*）。这是自弗朗哥·德拉根离开公司后，14 年来我们第一次聘请自己人当导演。这次的任务很简单：回归根本。在推出一系列围绕著名艺术家（披头士、猫王、迈克尔·杰克逊）或非杂技主题（《克里斯·安吉尔的信任之旅》《极速香蕉》）的作品之后，我们想回归太阳马戏的经典演出，用我们最擅长的场面壮观的杂技让观众惊叹。拉普里斯似乎是一个完美的选择，他是一名选角专家，不仅深刻了解我们的公司及文化，而且还极具想象力和驱动力，可以让这部剧充满新鲜感。

拉普里斯和他的团队确定了蒸汽朋克的主题。剧情围绕着一个生活在19世纪晚期的天才展开，他试图用各种奇怪的装置重塑世界，结果遇到了半人半机器的神奇生物。从导演特别活动到导演整出剧作，这对拉普里斯来说是一个巨大的飞跃，一路走来他遇到了很多挑战。如果是外聘导演，我们会很快就原谅其犯下的错误和导致的问题，但拉普里斯却因为他是我们中的一员（内部人士应该更清楚状况）而不那么容易得到包容，这对他来说也许并不公平。而且管理者们对自己熟悉的人总是更直言不讳，不那么婉转含蓄。

但演出最终能够成功的原因，是不管谁坐在导演的椅子上，整个制作过程都是团队一起在努力。像我们许多最好的导演一样，拉普里斯非常慷慨地给了演员们很多自由，让他们提出自己的想法，并“共同编写”剧中的角色，而不是把他们硬塞入先入为主的观念或严厉的命令中。这让参与制作的每一个人都对最终的产品产生了一种深深的主人翁意识。而且在监督检查时，他也不为受到的批评而争辩，因为他知道，太阳马戏的作风是需要诚实的评估，以及开诚布公地分享如何使产品达到最好的各种想法。

团队努力的一个好例子，是开发《奇思宝柜》中最令人难忘的场景的经过。多年来，我们的创意团队一直梦想着打造一个完全颠倒的表演：所有的事情都发生在天花板上，所有的角色都上下颠倒。这是一种我们都喜欢梦想并设法去实现它的疯狂挑战。为了最终能够在《奇思宝柜》中使用这个创意，我们投入了大量资金，去研究我们的艺术家们如何在这种情况下（特别是当血液涌向他们头部的时候！）进行表演的细节。

最后，我们成功地创造了这样一幕表演：5 位表演者坐在一张餐桌前，吃着我们所谓的“颠倒宴会的饭”。首演前 3 周时，我们向盖伊做汇报表演。我们建造的令人惊叹的天花板结构，当之无愧地吸引了大家的关注——它确实很醒目；但表演本身充其量只是平淡无奇，没有达到我们的期望。盖伊毫不留情地说：“如果不能提高这玩意的艺术性，我就把它从剧中彻底删除。”

几天后，盖伊再次来观看彩排。该段表演的效果仍然没有太大的改善。在花费了如此多的时间和精力来开发这段内容之后，大家都为它将被踢出局而倍感沮丧。随后，我们的创作副总裁让－弗朗索瓦·布查德提出了一个想法，他问道：“如果我们试着创造一个镜像效果会怎么样？”为何不在下面的舞台上另安排 5 位同样打扮的演员，复制出天花板上的宴会场景呢？其中一位可以把椅子摞在桌子上，然后从桌椅爬上天花板；与此同时，颠倒宴会中的另一位杂技演员也在做同样的事情，把椅子向上（实际上是向下）摞起来，直到他们俩在半空中相遇。

我们试了一下。这一幕表演非常精彩，成为整出剧作的亮点之一，每次演出都让观众大开眼界。2014 年 4 月开始演出后，《奇思宝柜》大受欢迎，多年来它一直是我们最成功的巡回演出剧目之一（大部分门票的销售都是通过观众们的口碑来实现的，这一直是一个好迹象）。评论者们也很喜欢它，《环球邮报》（*Globe and Mail*）说它“充满活力、异想天开、令人惊叹”，《旧金山纪事报》（*San Francisco Chronicle*）说它是“太阳马戏在很长一段时间内最好的演出”，《芝加哥论坛报》（*Chicago Tribune*）说它是“一场令人眼花缭乱的、极度细致和强有力的、堂吉诃德式的、总体上很奇妙的演出”。

今天，我们非常为拉普里斯骄傲（我亲切地称他为“太阳马戏的孩子”），他通过自己的努力成为我们的顶级导演之一。在《奇思宝柜》之后，他创作了《第七天——我不会休息》（*Séptimo Día—No Descansaré*），这是一部以阿根廷传奇乐队 Soda Stereo 的音乐为灵感的剧作。然后他又导演了我们与迪士尼合作的令人兴奋的《描绘生命》（*Drawn to Life*），该剧后因故推迟上演，但随着本书的出版，该剧也在 2021 年底开演。

在内部培养人才的另一个好处是，拉普里斯这样的成功故事会激励其他员工保持敬业精神并努力工作，因为他们知道这样自己就有机会获得公司中最令人羡慕的工作，否则这些工作可能会落到公司外部的人手里。

建立一种鼓励人们展示技能和抱负的开放文化

在你的组织中发现最优秀的人才可能会有一定的困难，因此，建立一种鼓励人们展示他们的技能和抱负的开放文化非常重要。但如何建立这样的文化呢？在大多数公司，管理者们会告诉员工说，真心欢迎他们提供让公司或产品变得更好的想法。但是，仅仅说一句“带着好主意来找我们吧”并不会产生多大的价值，因为这句话太模糊了。相反，提供一些细节，如“我们正在寻找某某产品的变体，以便在两年内推出，那时我们现有的客户将会渴望新产品”，诸如此类的提示会让员工目标更加明确，创造过程更加高效。

我尝试培养开放文化的方法之一，是不断提醒我们的员工可以在任何时候、就任何主题与我沟通，不管他们在公司里是什么样的角色。有一次，我在拉斯韦加斯经历了一出剧目的停演后，痛苦地乘坐红眼航班回到蒙特利尔时，收到了一位员工发来的电子邮件。他提出了一个在那家我们即将告别的度假酒店上演一出新剧目的想法。尽管他的建议不怎么好，并且我们也已经安排好了替代方案，但我仍很感动：他在作品失败带来的危机之中向我提供了新点子。我立即向他表示感谢，并请他提出更多的建议。这是开放式沟通的一个小例子，这种方法可以帮助你发现组织中最热情、最有前途的人才。

不要招聘，为每一场演出寻找最好的艺术家

由于米歇尔·拉普里斯在选角部门工作了多年，他非常熟悉我们庞大的艺术家数据库，这对他在《奇思宝柜》中把各种惊人的杂技表演融合到一起是一个很大的帮助。

在组建团队方面，他也采取了很多英明的措施。聘请法国服装设计师菲利普·吉洛特尔（Philippe Guillotel）就是一个明智之举。在为我们的《披头士之爱》做了大量工作后，吉洛特尔又为《奇思宝柜》创作了一系列令人惊艳的服装，这是该剧成功的一个主要因素。其中一个角色“微观宇宙先生”的服装是一个巨大的精巧装置，其腹部开了一扇门，当门打开时，观众可以看到住在里面的另一个角色：画家兼诗人小丽丽。小丽丽的扮演者安塔尼娜·萨苏拉（Antanina Satsura）身高约 0.97 米，体重约 18 公斤，她是世界上最小的 10 个人之一。布景设计师斯蒂芬·罗伊（Stéphane Roy）也以其令人眼花缭乱的复古未来主义梦境，对该剧的蒸汽朋克主题产生了巨大的影响。

太阳马戏成功的关键就在于拥有这些技术精湛又大胆的艺术家。这也适用于每一家公司，因此选才的过程至关重要。如何才能最好地完成这一微妙的任务，找到合适的人才？我的建议是：不要招聘，自己选人。

想想电影行业，找到合适的演员来扮演角色是多么重要。没有亨弗莱·鲍嘉（Humphrey Bogart），《卡萨布兰卡》就不会有现在这样的影响。而选人不当结果也会正好相反：如果一部浪漫喜剧的主角之间没有化学反应，这部电影将会是一场灾难。每家公司都应该以与电影业一样的方式来看待选人问题，因为这一问题可能决定企业的成败。

选人的过程中，你我的目标是一致的，那就是招募世界上最好的人才。我们需要顶尖的杂技演员、杂耍演员、柔术演员、空中飞人演员、轮滑演员、小丑、舞者、音乐家，等等。但要想在太阳马戏（或任何一家公司）取得成功，应聘者要具备的不仅是原生的天赋，还必须能很好地适应公司文化。这对我们来说，意味着选择有艺术家气质的运动员，以及相反地，有运动员纪律性的艺术家。

当然，我们公司的许多演员都是世界级的运动员，包括体操运动员、高台跳水运动员、花样游泳运动员、滑冰运动员、滑板运动员，等等，他们都经历过多年的高强度训练。但要成为太阳马戏的演员，他们还必须得喜欢表演，能够取悦观众并与人们建立情感联系。这是把我们的演出提升到一个全新水平的神奇因素。

其他演员有的则来自艺术界。他们或是舞者、歌手，或是音乐家，习惯于每周只上场表演 1 ～ 2 次。在这种情况下，我们必须像训练运动员一样训练他们，这样他们才能适应我们繁重的演出日程要求。在拉斯韦加斯和其他地方的驻场演出对他们来说，意味着每周连续 5 个晚上，每个晚上都要参加两场演出（我们鼓励艺术家们在休息日尽情放松、娱乐，但那些把生活视为无休止的派对的人干不了太长时间）。

怎样才能找到需要的人才？与学校和其他组织建立关系，将其作为渠道，会非常有帮助。我们有大约三分之一的演员来自像国际体操联合会这样的体育组织；三分之一来自艺术界（舞者、音乐家、歌手、哑剧演员和小丑等）；还有三分之一来自马戏圈，尤其是法国、德国、俄罗斯和乌克兰等国的相关学校。我们的许多艺术家来自蒙特利尔的国家马戏学校，该学校的联合创始人就是太阳马戏的第一位艺术总监盖伊·卡伦，而且校址紧邻我们公司的总部，十分便利。

我们也经常到世界各地寻找优秀人才，扩大我们的人脉网络。我们对候选人提交的视频、现场表演和比赛表现进行评估，我们自己也组织试演。我们的专家会考察候选人的技术能力、身体准备状态和艺术素质，同时记录他们的职业道德、团队精神，以及在塑造剧中角色时不仅遵循指示，还能提出自己的创意想法的能力。

最最优秀的人才会被带到我们在蒙特利尔的总部。在这里，他们会接受为期 1 ～ 6 个月的培训，时间长短取决于剧作本身要求、他们的演出经验，以及他们需要学习多少新技能等。我们先对他们进行健康评估，然后开始身体和艺术训练。我们喜欢让他们走出自己的舒适区，看看他们在遵守严格的安全标准的同时能做些什么。那些通过我们这一程序考验的人会逐渐加入我们的巡回演出或常驻演出的演员阵容。

今天，我们已经积累起了一个收录有世界各地 13 万名表演者资料的庞大数据库。只要有需要，我们可以随时使用数据库查找合适人选。我们的标准非常高，只有大约 10% 的人会被认真考虑可参加太阳马戏的演出，但我们会密切关注其他人的进步情况。

最近，我请我们负责选角和表演的副总裁伯纳德·佩蒂奥（Bernard Petiot）来界定成为一名太阳马戏的演员都需要什么。他是这样说的："这些人是如此热情，又是如此投入地发展自己的技能，以至于你看着他们会说：'他们到底是怎么学会这么做的？！'这就是他们的特别之处。他们从不满足，不断地推动自己向更高的水平迈进。"这一超棒的概括听起来适合任何行业对理想员工的定义：那些不断驱使自己去进步、去找到更有创造性的工作方法的人。

这种人的一个典型例子，是太阳马戏最不同寻常的演员之一雷·沃尔德（Ray Wold）。沃尔德说，他在马戏界崭露头角的过程中，从来都不满足于骑独轮车、抛接刀具和喷火等普通的表演。他想要一个能让自己脱颖而出的新把戏，于是他开始"给自己点火"。

1997 年，在摩纳哥城市蒙特卡洛（Monte Carlo）一个著名的马戏节上，沃尔德的精彩表演吸引了我们的星探。当时，我们正在筹备拉斯韦加斯的水上秀 *O*。我们的选角人员喜欢把火和水融合在一起的构思，他们认为，一个突然浑身燃烧起来的人很适合我们的新作品中那种超现实的、梦幻的氛围。

20 多年来，我们这位大胆的燃烧小丑一直穿着他那凯夫拉防火纤维做的套装，戴着浸满科勒曼露营燃料的帽子。沃尔德慢悠悠地走上舞台，看起来像个流浪汉。他在椅子上坐下来，开始漫不经心地看报纸，丝毫没有注意到他的一只鞋已经着火了。大火很快蔓延到他的腿和胳膊，直到他完全被火焰吞没。整个过程中他一直平静地继续阅读。幸运的是，他的大部分皮肤都被衣服盖住，他的脸被上翻的衣领、耸起的肩膀和简单的小丑化装油彩保护着。大约 3 分钟后——此时他衣服外面的温度已经达到了惊人的 480 摄氏度，他才拖着脚步走下舞台。一名等候在台下的工作人员忙用毯子把他裹起来，把火扑灭。

多年来，沃尔德在 *O* 的演出中头发被烧焦过，身上被烧起过水泡，但从未受过一次重伤。更令人难以置信的是，他从未缺席过任何一场演出。

对大多数人来说，一个人夜复一夜地表演自焚，简直是难以置信。但驱使沃尔德这么做的动力与许多成功人士的一样。他曾对一位采访者说："很多人都想成为艺人。他们试图走捷径，复制别人的做法。保持原创性和独一无二，这是最艰难的一条路。我脑子里唯一真正想着的，就是如何娱乐人们并获得成功。为了它我愿意做任何事。"

如果你能让员工们具备这种奉献精神，管理他们就相对容易了。你给他们提供表演所需的工具即可（在上面的案例中，我们所要提供的就是确保他们不要伤害到自己），然后就让他们独自沉迷于自己的激情中，发挥自己的魔力。根据我的经验，**当员工们做自己喜欢的事情时，他们自己给自己的推动力比任何管理者能给的都更大。**

最后，我们的选角理念可以归结为一点：为每一场演出寻找最好的艺术家。这话听起来像是常识，但我不知道那些传统的公司在招聘金融、人力资源、信息技术等方面的人才时是否会遵循这一规则。他们往往急于填补职位的空缺，以至于会匆忙完成选人的过程。娱乐公司在选人方面也有最后期限，但我们往往不太愿意随随便便就让某人扮演某个角色。我们所做之事的公开性质，很快就能展现出我们发现艺术家的方式有多好。每家公司都可以采用相同的方法来处理自己的选人过程。

保持开放心态，你永远不知道下一个伟大的创意从哪来

我们的选人方法同样可以应用到选择商业合作伙伴上。选择真正了解你的公司及文化的合作伙伴，往往可以带来令你意想不到的突破。反过来讲，选择不当则会让你的生活变成一场噩梦。

有时，你在刚开始可能很难做出判断。2010 年年初，盖伊和我第一次见到丹尼尔 · 查韦斯 · 莫兰（Daniel Chávez Morán）的时候，我们不知道该如何认真对待这个 50 多岁、穿着 T 恤衫和牛仔裤前来拜访我们的长发工程师兼商人。他邀请我们去他在墨西哥建的度假村看看，他希望在那里创建一座太阳马戏主题公园。

创建主题公园的想法对我们来说一直既有吸引力，也存在不少问题。这个想法之前我们已经考虑过很多次，但一直遇到同样的障碍：如何让它不同于所有其他的游乐园？太阳马戏的品牌如此独特，以至于我们的粉丝会期待一些真正令人惊讶和古怪的东西，但我们的构思还从来没有达到这个水平。我们不想简单地模仿迪士尼或六旗乐园。我们的探索确实产生了一些有趣的想法，但它们都过于疯狂、不切实际，不符合现代主题公园的需要。

由于不确定与莫兰合作会有什么结果，我们对这事拖了很长时间。但他的坚持、亲切和睿智打动了我们，最终盖伊和我同意坐飞机去墨西哥，参观他那两个分别位于玛雅河和巴亚尔塔港的度假村。一到地方，我们就庆幸不虚此行。度假村的景观设计非常漂亮，极具创新性，莫兰对环境保护的热情也非常强烈、明显。度假村内的建筑一尘不染，此外他还建了自己的实验室来检测水质，以确保游客健康。如今，从哥伦比亚的麦德林到墨西哥的阿卡普尔科，整个拉美地区都有他的公司维丹塔集团（Grupo

Vidanta）开办的连锁酒店和高尔夫球场，它是该地区最大的雇主之一。这家公司诚信尽责、有同情心，经常跻身墨西哥最佳工作公司的名单，而莫兰本人则是一位富有的成功人士，享有很高的声誉。

尽管如此，我们还是无法解决建设主题公园所要面对的问题，并且想找到其他双方可以合作的项目也很困难。在莫兰的度假村举办大型驻场演出的可行性不大，因为没有足够的客流量来支持。看起来，莫兰注定只能是一个值得钦佩的朋友了，仅此而已。

然而，创意是一种神奇而难以捉摸的东西。有时候，你能做的最多只是为它的绽放创造条件，以及期待最好的结果。有一天晚上，莫兰和我在蒙特利尔共进晚餐时，就是这么做的。一个重要的催化因素就是他最爱的佳酿拉菲红酒，我俩都沉醉其中。我们一边品着酒，一边聊着天，我说："莫兰，你很了不起。我喜欢你的度假村和你的整个生意，但从设想到建成一个主题公园需要花费很长时间。为什么我们不能做点别的，做点那种能让我们更快地合作的事呢？"

在谈话的过程中，我一直在想他那些美丽的度假村，那里提供的美食和美酒，还有那令人惊叹的自然风光。我想都没想就脱口而出："晚餐秀怎么样？"

莫兰丝毫没有犹豫："好，就干这个！"

就这样，《Joyà》——我们的第一个晚餐秀，也是我们在拉丁美洲的第一个常驻作品，于 2014 年 11 月在位于墨西哥城市坎昆南部的玛雅河开幕了。莫兰此次做得比他以往做的更出色，他在这片偏远的丛林地带建起了一座剧院。为了保护自然栖息地，剧院外的地面上修建了一条木质走道，这样动物们可以从走道下面通过；此外还修建了包括水池、珊瑚岩和瀑布在内的宏伟景观。从演出前一小时开始，客人们就可以在附近的酒吧和烧烤店，或在剧院里的桌子旁享用饮料和食物（菜单本身也是可以吃的）。《Joyà》是新冠疫情后我们在北美重新开演的第一个剧目，它给予观众一种兴奋不已的沉浸式体验，观众离表演者只有一两米的距离，有些表演甚至延伸到观众席中。

我们在玛雅河的晚餐剧院有600个座位，规模还不到我们常规驻场演出的一半大小，这为我们创造了一种全新的表演类别。目前，我们正计划在莫兰的另一个度假村——它位于墨西哥太平洋沿岸巴亚尔塔港以北的新巴亚尔塔，打造新的晚餐秀。《Joyà》还与全球最大的民营邮轮公司地中海邮轮（MSC Cruises）合作，推动了一系列被称为“海上太阳马戏”的邮轮上演出剧目的诞生。尽管这些作品的规模都相对较小，但它们加在一起的收入仍非常可观。（我们与莫兰的合作还促成了一个以墨西哥文化为背景的新剧目——2016年推出的《露西亚》，它迅速成为我们最受欢迎的巡演作品之一。）

如果我们在与莫兰谈话的过程中就选择放弃，这一切都不可能发生。这是保持开放心态的重要一课。在创意性的公司中，你永远不知道下一个伟大的想法可能来自哪里。

创造“创新细胞”

因为觉得不值得去花费时间，我们这种规模的公司经常会放弃开发小型产品和服务的机会。《Joyà》这个项目让我们学到一点：**做小项目可以**

给我们带来多方面的回报——不仅在盈利能力方面，而且在培养创造性人才方面。在进军墨西哥之前，我们公司的“特别活动”部门做的主要是为赞助商家提供的一次性演出，赞助商们希望用独具太阳马戏特色的一场演出来引起轰动。《Joyà》这个项目则让我们意识到，我们特别活动的导演非常适合执导这种小型的新类别演出。虽然较知名的导演可能会对晚餐秀或海上太阳马戏之类的作品嗤之以鼻，但我们的年轻导演会认为这是一个令人兴奋的进步，可以为他们提供展示自己能力的机会。

我们的特别活动部门只是我所谓的“创新细胞”的一个例子，公司可以通过创建“创新细胞”来培育公司内部的创意能力。丢掉那些会扼杀创新实验的传统金字塔结构吧。员工需要规模更小、关系更亲密的团队来展现自己，并在支持性的环境中尝试新想法。

事实上，我们打造的每一部作品都是由一个独立的团队，或者也可以称之为“细胞”创作的，团队中的艺术家们都心无旁骛，将全部精力都放在作品上。这就是为什么我们可以在质量不打折扣的情况下发展得如此庞大的原因所在。我们不按照大公司的模式行事，没有人会因为需要同时应付多个作品而承受太大的压力，因为各个“细胞”的任务基本没有重叠。我们大多数创作者的唯一任务就是把他们自己的剧目做到最好。

太阳马戏有几个创新“细胞”专门致力于创新文化的另一重要方面：研究和开发。哪家公司忽视了这一方面，就会给自己造成不良后果。

让团队中的每个人都参与研发

尽管太阳马戏多年来规模在不断增长，但财力仍然太小，无法负担政府机构或苹果、谷歌等商业巨头经常做的那种基础研究——此类深度科学研究可能在数年或数十年内都不会产生实际结果（如果有结果的话）。但我们可以进行应用研究，以解决我们日常面临的现实问题。这种研究需要投入的资金也不少，但在今天竞争激烈的全球经济中，我坚信，无论是试图开拓市场的小公司还是希望保持竞争优势的大公司，在研发方面投入资金和人力都至关重要。

为了保持我们在现场娱乐领域来之不易的领先地位，我们培养了几个专门从事研发的“细胞”。一个是我们的风尚研究小组。这是一个由 3 名全职员工组成的团队，负责在世界范围内寻找所有文化领域（音乐、时尚、建筑、戏剧、电影、游戏，等等）的新想法和人才。每隔三四个月，他们就会把所搜寻到的珍宝呈交给我们的创意团队，然后我们就会开始探索如何在演出中使用它们。

另一个是创意观察项目。该项目鼓励我们的所有员工将他们遇到的一切富有原创性或极其有趣的东西反映给风尚研究小组，这些东西将来可能会被我们用到演出之中。这是一个很好的方式，它可以让团队的每一个成员——从会计到管理员，都感觉到自己是创造过程的一部分，这有助于让他们更不遗余力地投入工作。

风尚研究小组和创意观察项目是一个更大的研究部门，我们称之为“C-Lab”的组成部分。这个部门每年要筛选数百个创意想法，选出几个重点关注的项目，从新的舞台技术到可以减少艺术家伤害的生物力学突破等，无所不包。C-Lab 的成员会与演出制作人保持联系，看看他们的实验室创新成果是否可以在即将到来的演出中使用，比如某种新面料，它做出来的衣服更适合灯光效果。我们与微软合作开发的一个创新成果着实令人兴奋。它是一款被称为“全息透镜”的增强现实智能眼镜，有了它，我们的导演就可以在整个舞台搭建好之前看到其样子。全息透镜让我们得以对角色、灯光、道具、索具等设定的每个方面进行实验，并将各种设计可视化，从而使制作规划更有创意和效率。

然而，如果没有员工的大量参与，投资于这种研究也没有任何好处。因此，我一直想方设法提醒我们的团队：每个人都应该发挥积极作用，以保持我们在娱乐领域的领先地位。有一天，太阳马戏的创意总监之一让－弗朗索瓦·布查德来到我的办公室对我说：“丹尼尔，瑞士有一位教授发明了一种神奇的新型无人机。它拥有非常先进的故障安全算法，可以在我们那种复杂的舞台自动化系统中很好地发挥作用。真的很了不起！”

我眯起眼睛，厉声对他说：“你到我办公室来说这个做什么？”他回答我道：“什么？我以为你想知道这个……”

“我喜欢你的主意。但我们为什么要坐在这里谈论它？跑步去机场，坐飞机去瑞士。我想看看那些无人机！”我对布查德说这些玩笑话是基于这样一个考虑：我知道我俩说话的内容会传播出去，我想向公司的员工们发送这样一个信号——我们会不惜一切代价去寻找新的想法。

布查德真的坐上飞机去了苏黎世，我们与著名的拉斐洛·达安德里亚（Raffaello D’Andrea）教授合作，一起开发那些神奇的无人机。我们在 2016 年的百老汇演出《情人》中用到了它们（3 年后，该剧搬到了汉堡，一直演出到新冠疫情来临）。在该剧中有这样一幕：许多个五颜六色、看起来像发光的圆形帽盒的灯罩飘浮在演员们的头顶上方。观众们以为它们是被电线从天花板上吊下来的，但当剧中人物在它们上方挥动胳膊时，它们很明显是自己在动的。这是一个我们可以在其他作品中使用的绝妙的小把戏。

与可以激励你达到更高目的的管理者一起工作

有时，保持创新优势需要另一种不经常使用的策略：与你所在领域的领军人物合作，他们可以激励你的团队达到更高的高度。

我们 2015 年的巡回演出剧目《阿凡达前传：托鲁克的首次翱翔》就是这样诞生的，我们有幸能与娱乐圈的一位巨头合作。一切都是那么幸运。当时我正在洛杉矶参加我们一个巡演剧目的首演式，曾鼓动盖伊进行太空旅行的加拿大宇航员朱莉 · 帕耶特走过来向我打招呼。

“明天一早你有事吗？”我正在喝香槟的时候，帕耶特问道。我说道：“现在还没定。你问这个干吗？”帕耶特说：“我要与詹姆斯 · 卡梅隆见面。你愿意与我一起去吗？”

你说我愿意吗？会面定在上午 8 点，而现在时间已经很晚了。我真诚地感谢了帕耶特之后，赶紧去找我的妻子、摄影师艾曼纽 · 杜佩雷（Emmanuelle Dupérré）。

“别喝了，艾曼纽，”我夺过她的酒杯说，“我们得走了。”她抗议道：“我正玩得高兴呢！怎么了？有什么问题吗？”我解释说：“不不不。明天一大早，我们要去见詹姆斯 · 卡梅隆。”她半信半疑地看着我说：“我看你是香槟喝多了！”

第二天早上，我们准时到达了詹姆斯·卡梅隆的工作室，帕耶特为我俩做了介绍。卡梅隆事先不知道我们要来，但他似乎真的很高兴见到我们。“让我为你们展示我最新的电影的服装和化装，因为你们可以看到其中有太阳马戏的影子。”他说道，“我是你们的忠实粉丝，你们所做的一切总是让我深受启发。”

卡梅隆带我们参观了他的工作室。他就住在这里，一天工作 18 个小时，每天晚上就在一张临时搭建的小床上睡几个小时。我本以为我们只是简单地寒暄几分钟，然后就得离开让他工作了，然而尽管他的日程排得很紧，他还是花了一个多小时来向我们展示他那复杂的动作捕捉和 3D 技术，并分享了他的影片中令人目瞪口呆的片段。我被他对工作的投入和对陌生人的慷慨感动了。

“你知道吗？”我们道别时，他说，“等完成了这个玩意，我希望能再见到你，我们坐下来聊聊能一起做些什么。”

他嘴里的“这个玩意”不是别的，正是电影《阿凡达》。这部电影后来成了历史上（到当时为止）票房最高的电影，超过了之前他那部获得奥斯卡奖的影片《泰坦尼克号》创下的纪录。

几个月后，卡梅隆到蒙特利尔来拜访我们，他被我们的总部震撼了。给我印象最深的，是他对服装设计、化装、灯光、舞台技术以及更多东西的无穷好奇心，他想知道每件事的每一个细节。“这个地方太有趣了，”他说，“我想在这里工作！”

之后，我们在盖伊家里共进晚餐，大家都喝了不少酒。我们说到要以

《阿凡达》为蓝本创作一出剧目。我们很开心。晚餐结束时，他站起身来说道："我做好准备了！"

与20世纪福克斯公司谈判《阿凡达》的版权难度不小，不过因为卡梅隆为该公司做过巨大的贡献，他们渴望满足他的心愿。卡梅隆没有亲自执导这部剧，导演由"天才二人组"米歇尔 · 勒米厄（Michel Lemieux）和维克托 · 皮隆（Victor Pilon）担任，但他确实扮演了一个重要的角色——以创意顾问的身份来帮助指导我们。

如果卡梅隆是那种不能把自己的"孩子"托付给别人的艺术家，这样的项目可能就会变成一场噩梦。这种情况经常发生在那些对自己的作品非常依恋的创作者身上。但卡梅隆对我们团队产生的是非常有建设性的影响。他没有束缚我们的手脚，而是启发我们比以前走得更远。当然，最重要的是，我们想给他留下深刻的好印象。

我们的创意团队从一开始就沉入卡梅隆花了15年时间创造出来的错综复杂的《阿凡达》世界之中。我们聘请了曾参与该电影拍摄的编舞和语言学家，以确保我们演员的动作和说话方式像潘多拉星球的土著纳美人。这种背景方面的工作远比卡梅隆提供给我们的任何具体方向更重要，因为它使得我们能够从他那奇幻世界的真实核心出发开始工作。我们所有的灵感都来自那个神圣的地方。

随着开发工作的进行，这部剧作规模变得非常庞大，技术也很复杂，以至于我们意识到它无法在一个典型的大帐篷里演出。因此，我们像平时处理那些因规模太大而不适合在帐篷里演出，但也不需要搭建一座剧场的作品那样，在大型运动场进行巡回演出。这部作品中一个主要的创新，是在演出场地的顶棚上安装了 40 台投影仪，将图像投射到舞台地板上，有时甚至是延伸到观众身上。它能完全改变整个场景，产生惊人的效果，比如奔腾的水、流动的熔岩等，并通过逼真的音效来增强效果。在后来的其他作品中我们也使用了同样的投影仪，包括我们 2017 年的冰上剧《水晶》（*Crystal*）。我们太阳马戏版的潘多拉森林、花朵、岩石、野生动物、鸟类和纳美人，都是如此的真实可感，就连我们的表演者都被它的魔力迷住了。正如饰演“雷鲁”一角的加布里埃尔·克里斯托（Gabriel Christo）所说的那样：“进入其中之后，一切都消失不见了。我看到的只有潘多拉。”

2015 年 12 月，《托鲁克的首次翱翔》在美国路易斯安那州博西尔城拥有 14 000 个座位的世纪链接中心首演，引起巨大的轰动。看到我们用如此独到的诠释方式把电影《阿凡达》带到现实生活之中，观众们都惊呆了。就与《披头士之爱》和《迈克尔·杰克逊一号》一样，我们为又一个文化图腾注入了自己独特的元素。事实证明，《阿凡达》与太阳马戏是天作之合。

“我一直认为，太阳马戏是对人类肉体和卓越精神的歌颂，”卡梅隆后来说道，“纳美文化中的部分内容讲的就是，人有一部分活在自己的身体里，一部分活在社区里，一部分活在群体里。当你看到太阳马戏的演员们以完美的同步进行表演时，那令人惊叹的团体杂技，是非常‘纳美’的概念。”

如果不是与卡梅隆这样的天才合作，我们不可能制作出像《阿凡达前传：托鲁克的首次翱翔》这样的巨作。这个事例给每家公司都提出了一个有趣的问题：谁是你所在行业的詹姆斯·卡梅隆？在你的圈子里，谁最能激励你？为什么不把那些名字列成一份清单，然后想办法与他们建立联系呢？你永远不知道他们对你的品牌（无论是公司的还是个人的）有多容易接受，他们的鼓励和指导能在多大程度上提升你的创意高度。如果你无法联系到某人或者彼此不感兴趣，没有问题，接着联系清单上的下一个名字就行了，直到找到合拍的那一位为止。我预感，你会很高兴自己做了这件事的。

我们在创作《阿凡达前传：托鲁克的首次翱翔》的过程中，尽管像以往一样有些紧张，但仍有一种强烈的感觉，那就是我们的连胜纪录将会保持下去。加上之前的《迈克尔 · 杰克逊一号》《奇思宝柜》和《Joyà》，我们对 3 年内实现第 4 次突破性成功充满信心。生活是美好的，但安逸和舒适可不是任何创意公司的特征，当然也不是我们文化的组成部分。动荡和剧变才是我们工作的常态，有一天，它俩带着复仇的心情返回了我们位于蒙特利尔的总部——盖伊给我们带来了一个令人震惊的消息：在太阳马戏工作了 30 多年后，他准备卖掉这个公司。

BALANCING ACTS

太阳马戏的创意管理

- 要成为一家真正有创意的公司，你必须认真倾听员工的意见，有时他们比决策者看得更清楚。
- 员工的激情和创意是公司最宝贵的资源。如果他们确实有能力——或者至少有潜力，并且比任何外人都更了解公司的文化和价值观，为什么不给他们一个机会呢？
- 培养开放文化的方法之一，是不断提醒员工可以在任何时候、就任何主题与你沟通，不管他们在公司里是什么样的角色。
- 选择真正了解你的公司及文化的合作伙伴，往往可以带来令你意想不到的突破。反过来讲，选择不当则会让你的生活变成一场噩梦。
- 丢掉那些会扼杀创新实验的传统金字塔结构吧。员工需要规模更小、关系更亲密的团队来展现自己，并在支持性的环境中尝试新想法。
- 在你的圈子里，谁最能激励你？把那些名字列成一份清单，然后想办法与他们建立联系。

BALANCING ACTS

第6章

无论何时都要保护创意团队不受干扰地工作

让创意部门能专注于他们的工作，让想象力无牵无挂地自由驰骋，必须把梦想留给梦想家们。

BALANCING ACTS

多年来，盖伊・拉利伯特一直在说，有一天会把这家他在 1984 年与人合伙创立的公司的大部分股权卖掉，但只是说说而已。直到 2014 年 6 月，他召集我和公司当时的首席财务官罗伯特・布莱恩开会，告诉我们他已经准备好实行这个计划了。

到了那时，我们已经很清楚他的理由了：从一开始，盖伊的主要目标就是周游世界，到处演出，寻找乐趣。随着公司的发展壮大，他不断寻找方法减轻身上的责任负担，渴望过上有尽可能多的冒险和自由的生活。正因为这样，他在 2006 年让我接替他担任负责日常管理工作的首席执行官，而自己则退到幕后，重新担任起创意指导的角色，并在那 3 年后还飞上了太空。直到 2014 年，他觉得是时候把太阳马戏交给能把公司提升到另一个层次的新老板了。

“被卖掉对太阳马戏来说是最好的选择，”盖伊对我说，“对我来说也是最好的选择，这样我就可以把在这家公司投入的 30 多年变现啦。”盖伊从来都不是那种舍不得放手、不愿意看到公司在别人领导下发展壮大的企业家。“我还有很多其他的梦想，”盖伊说，“个人梦想、家庭梦想、创业梦想……各种挑战自我的梦想。我感觉现在是时候去实现它们了。”

越是变革时期，越要保持稳定

虽然布莱恩和我对盖伊的决定一点也不感到惊讶，但听到他说出这些话还是非常难受。30 年来，他一直是公司的核心和灵魂，是让我们紧密团结在一起的太阳马戏这个大家庭里的父亲，很难想象没有他的生活会是什么样子。事实上，布莱恩当即告诉他，自己愿意离开太阳马戏，以私人身份为他工作。后来，布莱恩确实这么做了。

然后盖伊看着我：“你有什么打算？”我毫不犹豫地说：“我留下。”

当然，严格来说，我这话是不成立的。能不能留下取决于我们的新老板，而不取决于我自己。而即使他们想要我，我也不确定自己是否愿意与他们一起工作，这同样取决于新老板是谁。但在这个充满不确定性和动荡的时期，我宣布打算留下，对保持组织内部的稳定似乎非常重要。

我也有自己的目标。“首先，我想帮你卖掉公司，达成一笔让你非常满意的交易。”我对盖伊说道，“第二，当我把公司发展壮大，使它的规模和市值都远超现在时，我希望你可不要太生气啊。”

盖伊和布莱恩都笑了，他们很欣赏我这种肆无忌惮的态度。我们都知道，精明的新老板可以帮助太阳马戏发挥真正的潜力，而我很高兴能在这一过程中有所帮助。因为盖伊打算保留公司的一小部分股份，所以我们取得的增长也会让他受益。“好吧。”他咧着嘴笑道，“我们拭目以待。”

太阳马戏即将被出售的消息传开之后，我们的员工们自然开始担心起来。最悲观的人甚至担心，这是否意味着我们所认识的那个太阳马戏的终结。所以，我只要有机会就对他们说：“我会留下。如果我能留下，你们也可以留下。”

我还提醒他们我的“演出和生意”哲学：“‘演出’这个词排在前面是有原因的。如果没有好的演出，就不会有生意。”所以我向他们保证，我会全力而为，确保我们的新老板不会干涉创作过程。这番话似乎对公司的员工们起到了安抚作用。

开始寻找新老板的时候，我告诉大家，只有三个人会参与这个过程：盖伊、布莱恩和我。“我不希望你们再浪费时间想这件事，”我对员工们说，“像往常一样做你们自己的事就行了，就像什么都没发生一样。等这一切结束后，只有积极的变化会发生。公司还是原来的公司，但我们会有更多的资金投入到精彩的演出制作中去。”

当然，人们仍然会谈论他们听到的谣言或消息。但总的来说，大家都坚定了信念，专注于自己的工作，因此我们得以在 2014 年 11 月成功推出《Joyà》，并在次年推出《阿凡达前传：托鲁克的首次翱翔》。如果我们让公司的高级管理人员参与早期寻找买家的过程，并在全公司范围内征求关于各个候选买家的意见，那么很难想象大家怎样保持热情去做事。我曾见过其他公司这么做，结果并不如人意。在最坏的情况下，这样的分心会威胁到公司的生存能力。

这就是为什么在变化时期保持稳定至关重要，对创造性企业来说尤其如此，因为它们往往要比传统的企业承担更多的风险，更有可能被颠覆。在被技术变革所困扰的全球经济中，公司的买卖非常频繁，我们公司的情况并不罕见；然而，会让一个组织遭受干扰的情况未必是公司被卖给新老板那样大的事情，原因也可能是寻找新的首席执行官、搬到新的总部，或者重组一个部门。但无论是什么原因引起混乱，关键在于让尽可能少的人负责过渡工作，以便公司的业务能够照常进行。

即使是身体语言，对公司保持稳定也非常重要。人们经常指责公司的领导者情绪内敛、不常表达自己的感受。事实确实如此。

在某些时刻保持一定的距离、不让情绪影响决定十分重要。你甚至可能会在无意识的情况下，通过语言、态度乃至身体姿势发出错误的信号。在这种微妙的态势下，员工们会寻找任何出问题的迹象。要想在汹涌澎湃的巨浪中毫不退缩，船长必须保持冷静和放松，双手牢牢地把握住舵盘。

与优秀的人共事，好事就会发生

我们的第一步安排是聘请高盛公司来负责寻找买家的工作。作为首席执行官，我的任务是向所有潜在的买家提交详细的报告。几个月来，我的日程安排完全失控。在接到通知后的几个小时内，我必须接听潜在买家的咨询电话，回答他们的问题，或者赶去开会。刚开始，有 54 家公司表示有兴趣收购。我们做了无数次介绍，尽可能最好地展示我们公司，也多次回答了相同的问题。我们把候选名单缩小到 32 家公司，然后是 18 家、9 家。那时候的压力真的很大，我们觉得每个潜在买家都在破译、分析我们所用的每一个词和每一个手势。

当进入到向前 8 位竞争者介绍情况的阶段时，气氛更加紧张了。在那之前，我和布莱恩一起主持了所有的展示。下一轮谈判需要整整 8 天的时间，需要 10 名高级管理人员参与进来，他们接受过培训，会进行公司推介并回答各种各样的问题。之后我们接到了几十个电话，电话中提出了更多的问题。最终，我们将名单缩小至 3 家入围企业：一家中国的集团，一家美欧联合集团，以及美国的私募股权公司德太资本和中国的上海复星国际集团的联合体。

我们还知道魁北克养老基金巨头——魁北克储蓄投资集团可能会参与进来。在得知太阳马戏将要出售的消息后，该集团立即向高盛表示："不管谁把大部分股份买走，我们都希望获得太阳马戏 10% 的股份。这样我们就能有发言权，可以让太阳马戏及其所有工作岗位留在魁北克。"有这样一个管理着数千亿加元的强大机构投资者站在我们这边，这让我们那些想留在蒙特利尔的员工把心放到了肚子里。

在与最后 3 家公司谈判的过程中，我们的顾问觉得进度不够快。于是他们建议我订机票去香港，与那家中国的集团见见面，希望借此急一急其他两位买家。这一招还真管用。我还没到机场，就接到另一位买家德太资本—复星集团的消息，请求我一下飞机就与我见面。航班降落后，我来不及到酒店洗个澡，就赶去参加复星集团举办的招待会。那是一次令人印象深刻的聚会，地点选在一家酒店的屋顶上，从那里可以俯瞰香港繁华壮丽的景色。

我本以为自己会是这次聚会的焦点。事实却相反，我在人群中觉得很迷茫，其他客人都来自当地商界，彼此非常熟悉。在商界，如果你没有深厚的人脉，你很快就会成为"那个怪人"。这就是我所参加的聚会，在我本应去积极达成协议的时刻，我却倍感寂寞孤独。

随后一件有意思的事发生了：我认出了曹其峰（Silas Chou），香港本地的一位著名商人。我与曹其峰相识，是借由他在时尚界的合作伙伴、加拿大亿万富翁劳伦斯·斯特罗尔（Lawrence Stroll），劳伦斯·斯特罗尔通过国际赛车圈认识了盖伊。我急忙冲过去与曹其峰聊天，好像我的生命就靠它了。我们热情地互致问候之后，聚会的气氛立刻发生了变化。几分钟之内，我就从一个可疑的陌生人，变成一个受人尊敬、值得信赖的商人，变成一股不可小觑的力量。多亏了曹其峰，我才能够与复星集团的人建立良好的关系。反过来，曹其峰也为复星做了担保，说我们双方会成为一个很棒的团队。晚上聚会结束的时候，我已经确信德太资本—复星集团会成为一个出色的合作伙伴，帮助我们打开通往中国市场的大门。

有一句老生常谈是这么说的："重要的不在于你知道什么，而在于你认识谁。"我对这话不以为然。在我看来，专业知识、勤奋工作和坚韧不拔是商业成功的基础。但毫无疑问，你结交的人的类型会对你的职业生涯产生巨大的影响。曹其峰一直出类拔萃，这也是我一直想要更深入地了解他的一个重要原因。当然，我从来没有料到有一天他会神奇地出现在一个聚会上，改变一笔大生意的发展轨迹。但我一直相信，与优秀的人为伍，好事就会发生。

反之亦然。与声名狼藉者纠缠不清只会让你自己苦恼。这就是为什么我倾向于远离油嘴滑舌的人和骗子，即使有很大的潜在利益也是如此。

承认自己的弱点

德太资本—复星集团赢得了我的青睐。德太资本的合伙人吉姆·库尔特（Jim Coulter）、戴维·邦德曼（David Bonderman）和戴维·特鲁希略（David Trujillo）为人聪明、做事严谨，似乎真心想保护推动太阳马戏崛起的创新精神。德太资本总部位于旧金山湾区，在硅谷也有深度的参与，可以帮助我们更好地利用社交媒体来营销太阳马戏，并与 Facebook、谷歌和 Twitter 等行业领导者合作。令德太资本印象最深的，是我们公司的净推荐值（衡量客户忠诚度的指标）超过了市场上几乎所有的品牌。后来在一次采访中，库尔特表示："要把太阳马戏每年在世界各地为数百万观众提供的服务继续下去，真的是一件非常困难的事情。所以，看到他们这么做了，并且还做得很好，对我来说真的是一次很好的学习经历。"同时，复星集团在才华横溢、颇具影响力、有"中国巴菲特"之称的亿万富翁郭广昌董事长领导下，已经拥有数量可观的娱乐资产，足以让我们在巨大的中国市场站稳脚跟。

意识到德太资本—复星集团是我唯一愿意为之工作的入围公司后，我冷静了下来。选择下一任东家的决定权不在我，而在盖伊。出于良心，我甚至不能试图影响他的决定。代表太阳马戏与我未来的雇主谈判显然存在利益冲突。另外，盖伊与我的目标也有矛盾：他想要最大化自己的回报，而我想要的是对公司最有利的买家。因此，我别无选择，只有退出最后的谈判，在一旁观望。从那时起，高盛公司和盖伊的私人顾问全权负责此事。

看着这个将决定我在太阳马戏未来命运的谈判过程，着实让我很紧张不安，因为太阳马戏的员工在我眼里就像我的家人一样。因此，当出价最高的果然是德太资本时，我欣喜若狂。德太资本以 15 亿美元的总出价获得了太阳马戏 55% 的股份，复星集团获得了 25%，魁北克储蓄投资集团获得了 10%，盖伊保留了剩下的 10%。这是一笔高杠杆率的交易，该集团借了 7 亿美元来完成交易。但银行批准贷款没有遇到任何问题，因为我们的利润率非常健康，国际市场持续增长的前景依然相当强劲，尤其是在中国市场。

当新老板让我留下来继续工作时，我松了一口气。尽管为一个新老板工作通常会有些不踏实，但我还是很高兴地答应了，然后回到岗位上继续领导公司发展。盖伊同意继续以非正式的身份留在太阳马戏，为各类大小事情提供建议，而我们也很高兴仍然可以利用他深厚的专业知识。我们甚至保留了他的办公室，作为他继续参与公司运营的象征——虽然盖伊很少用它。

经历收购过程是一种让人感受谦卑的体验。让每个有意收购者对你的公司进行细致的考察，不仅能让你清楚地了解自己的优势，也能让你了解自己的弱点。在这种情况下，尽管可以理解，但采取防御态度没有丝毫帮助。虽然可能很痛苦，但最好的方法是迅速承认自己存在的问题，并找出解决办法。我很高兴能在一群才华横溢的董事会成员的帮助下做出了必要的转变。正如我经常告诉他们的那样，我的态度是“从不拒绝任何帮助”。

我们最大的问题之一，是会计、行政人员配备和业务发展等关键部门达不到现代公司应有的那种标准。于是我们创建了一个新的财务报告系统，加强了数据分析，并在财务、运营、市场营销和人力资源等方面招募了新员工。在一个非正式的环境中与盖伊合作了 15 年之后，我现在将为一个更具企业精神的组织工作。不过我发誓，这个组织仍会保留它最初的所有古怪之处。

我们的另一个弱点是社交媒体方面。作为对公司情况分析的一部分，德太资本安排了千禧一代的焦点小组来观看我们的演出，并对他们进行问卷调查。这些年轻人很喜欢这一体验，但当被问到“为什么以前从未看过太阳马戏的作品”时，他们的回答是:“因为他们从来没有与我们交流过。”换句话说，我们并没有出现在他们经常闲逛的数字社区里。这在一定程度上是我们有意为之，就像一个经验丰富的魔术师那样，盖伊从来都不喜欢揭开幕布将表演背后的秘密公之于众。然而现如今，在线分享幕后内容，对于与新一代的购票者建立持久关系至关重要。

我们开始通过 Facebook、Twitter、YouTube 和 Instagram 等平台，分享有关演出、艺术家、后台活动、创作过程和巡演生活等的内容。我们的粉丝们怎么看都看不够。我们意识到，社交媒体与老式的口碑营销非常相似，而口碑营销一直在推动我们的门票销售，效果远远超过传统的广告。结果是惊人的。认为太阳马戏品牌有价值的千禧一代人数增加了 25%；在北美和欧洲，我们的品牌知名度从 85% 提高到 95%；到 2017 年，我们在社交媒体上的粉丝超过了 1 000 万，而由我们粉丝发起的热门话题“太阳马戏之路”，已经获得了超过 10 亿条留言。

这就是承认自己弱点的好处。一开始你可能会觉得尴尬，但当你根据反馈回来的信息采取行动时，从长远来看，它会让你变得更加强大。

通过发挥优势来成长

盖伊从来都不喜欢通过收购其他公司的方式来实现增长，但德太资本明白，收购较小的公司可能是在不影响我们核心业务的情况下，利用规模效益的一个绝佳方法。但我们也不能什么公司都收购。关键是要找到那些与我们有着相似商业模式，能够共享价值观、核心竞争力和整体品牌战略的公司。

这并不是说，一些公司就不能通过拓展到与其主要业务无关的新领域（用公司术语来说即“企业集团多元化”）来获得有效增长。从伯克希尔－哈撒韦公司、塔塔集团（Tata Group）到维珍集团等大公司，在这方面做得都相当成功。然而，这个战略执行起来非但不容易，而且还有相当大的风险。看看可口可乐，它进军葡萄酒行业的尝试以失败告终；还有柯达进军制药行业的行动，也只是昙花一现。对于具有强大企业文化的创意公司来说，这项举措尤为艰难，因为它们可能无法与来自完全不同行业的公司很好地融合。在第 2 章中，我谈到了拟议中的伦敦巴特西太阳马戏综合体项目对我们来说是一场灾难，因为我们不是房地产公司，也没有这方面的专业知识。

与德太资本讨论收购计划时，我很高兴地看到，我们双方都同意继续选择前景和创意文化与我们相似的现场娱乐公司。因此，当获悉蓝人乐团准备出售时，我们对它充满了浓厚的兴趣。1987 年在纽约曼哈顿下东区成立的蓝人乐团，与太阳马戏有很多相似之处：两者都是在 20 世纪 80 年代以街头表演起家，都创立了一种新型的娱乐方式；两者都以演出本身而不是以表演者为明星；两者都以新颖和令人惊讶的方式，来使用流行和鲜为人知的音乐、艺术和运动。蓝人乐团早已进入国际视野，它在拉斯韦加斯、波士顿、芝加哥、奥兰多、纽约和柏林都有常驻演出，并经常在世界各地巡回演出。

2017 年收购蓝人乐团之后，我们两家公司都从强劲的协同效应中获益匪浅。虽然太阳马戏的发行实力远不如我们的创意作品那么受重视，但我们是世界上唯一一家在 450 多个城市进行过巡演、足迹几乎踏遍全球各大洲的娱乐公司。这对蓝人乐团的全球扩张能力产生了巨大的影响，而它也激励我们在接下来的两年里收购了另外两家公司：VStar 娱乐集团和 The Works 娱乐公司，前者主要基于《汪汪队立大功》《魔发精灵》等创作家庭巡演节目，后者主要组织表演幻术魔术秀。现在，当我们进入伦敦这样的城市时，我们可以分别为太阳马戏以及各子公司制作相应的节目，每个节目都能吸引不同类型的观众群体。每一次收购都使我们能够有效地部署太阳马戏庞大的现场娱乐巡演业务。

我们收购了 VStar 之后，在与该公司的雇员见面时，我意识到我们还给他们带来了另外一种东西：我们的声誉。当一家公司被卖掉时，它的员工可能会处在不安全感带来的麻痹状态之中。而对于 VStar，情况则完全相反。我们作为一家富有创意的公司对艺术家待遇优厚的名声，让我们的新员工非常乐意与我们的品牌联系在一起。这也让他们在应对各种挑战时保持一种建设性的心态，比如如何在被大公司合并的情况下保持原公司的特色和灵活性。

收购这些公司是德太资本快速成长战略的一部分，即每年投资 1 亿美元用于创作新的演出内容和进行收购活动。该公司的目标与几乎所有私募股权公司的一样：把收购来的公司打造得更有价值，然后在 5 ～ 7 年内将其卖出以获利。虽然这些投资公司经常在媒体上受到批评，尤其是当它们无情地裁员以便让自己的利益最大化的时候，但那些增长举措对我们来说却是一种福音，为我们提供了大量的资源，使我们能够制作更多的作品。毕竟，我们做的就是这个，而这也让我们感到快乐。好像在突然之间，我们公司有了更多的创作者在构思新的演出节目，有了更多的艺术家在工作，增加了更多的巡演和常驻演出，在世界各地也多了很多兴奋不已的观众。我们就像是进了糖果店的孩子。

所有权的任何变更，都存在这样一种危险：新老板会认为自己比你更了解你的业务，并逐渐开始指挥你该做什么不该做什么。这是 2015 年 4 月盖伊宣布我们将被出售给德太资本集团时，公司员工非常担心的事情。在公司总部，在演出现场的后台，担忧如潮水般涌来："我们会不会失去自我？""我们会不会留在蒙特利尔？""我们还会不会想留在这里工作？"解决这些担忧成了我的当务之急。

保护创造者

任何公司的财务人员都会试图影响产品或服务的创造，这是再自然不过的事。他们可能会进行市场调研，或者对什么能卖什么不能卖有自己的看法。很多公司就在这上面出了问题，尤其是在取得一些初步的成功之后。坐办公室的人开始掌握决定权，而不是让创意团队不受干扰地工作。

这就是为什么盖伊总是坚决地拒绝与公司员工讨论财务问题的原因所在。他希望他们能专注于自己的工作，让想象力无牵无挂地自由驰骋。但当他决定出售公司时，为了让所有人都了解情况，我们不得不暂时打破这条规则。不出所料，这一消息造成了相当大的紧张气氛。新东家是否会理解并保护我们神奇的文化？我与大家一样担心，尽管我曾非常明确地告诉德太资本必须让创意部门独立行事。

幸运的是，他们从一开始就明白，即使他们为新作品投资了 4 000 万或 5 000 万美元，也必须把梦想留给梦想家们。所以，虽然我们的确对业务方面的执行领导做了很大的调整，但我们的创意团队在公司出售之后仍然保持完整。而我则明确表示，强加层层的官僚制度会减缓我们的创新进程。我对行政服务部门的人是这样说的："别去打扰作品的主创人员，我希望他们能 100% 地专注于他们的工作，而不是担心什么新的人力资源政策。我想让他们在吃饭、睡觉、呼吸的时候都想着新的作品。"

并非所有的私募股权公司在完成收购后都会答应对业务就这么放手不管，但德太资本认为，太阳马戏的创意团队凭借其辉煌的业绩赢得了自主权。一旦新东家到来所引起的骚动平息下来，我们的主创者们就会把谁是管理者这个问题忘到脑后，全身心地专注于他们最喜欢做的事情：创作新作品。

善于利用经验教训

在我们这个行业里，没有什么比看到艺术家们在工作室中创造他们的幻想世界、听到笑声和音乐声从墙上反弹回来更能让员工感受到公司正在蓬勃发展的事实了。这就是 2015 年 7 月太阳马戏正式出售后，公司总部里弥漫着的氛围。由于新东家对公司的运营投入了大量资源，我们在 2016 年 4 月有两部新作品首演（巡演剧目《露西亚》和在百老汇驻场演出的《情人》），并准备在 2017 年再推出 3 部作品——这是自全球金融危机以来我们第一次制作如此多的作品。

那时，太阳马戏已经走入了第四个 10 年。**当我们进入一种稳定的节奏时，我意识到成熟是一件美妙的事：你可以利用来之不易的经验去避免年轻时的错误，从而完全专注于实现你的愿景。**我们一路走来所学到的每一条经验教训，在前文中都有阐述，它们指引我们不断前进。

- 10 年前创作《披头士之爱》的漫长旅程（更不用说两部轰动一时的迈克尔 · 杰克逊剧作），让我们有信心对另一个标志性的音乐表演者——阿根廷流行乐队 Soda Stereo，进行自己原创的诠释。由米歇尔 · 拉普里斯执导的《第七天——我不会休息》，从 2017 年 3 月到次年 9 月，在拉丁美洲各地的体育场进行了巡回演出，场场座无虚席，挤满了狂热的粉丝。

- 2017 年 4 月，当我们的新作品《沃尔特》准备在蒙特利尔首演时，我们在《克里斯 · 安吉尔的信任之旅》和《极速香蕉》中因为没有使用足够的杂技表演而犯下的错误几乎再次让我们脱轨。该作品的概念是以自行车越野赛、轮滑和独轮车等极限运动为基础来打造演出，但我们太过沉迷于故事性而忽略了观众期待的壮观表演。我们的首席创意官黛安娜 · 奎因（Diane Quinn）在最后一刻拯救了我们，把杂技表演放到了最重要的位置。《沃尔特》一炮打响，我们心里的石头落了地，此后它在巡演中一直热度不减。

- 有时，一部作品的问题可以追溯到其错误的使命，《猫王万岁》就是如此，这出剧作以陈腐过时的方式在舞台上讲述一位流行歌星的传记。相比之下，我们的第一出冰上剧《水晶》在 2017 年及以后都取得了巨大成功，在很大程度上就是因为它的使命非常明确和令人信服：就像 *O* 是一部以水为基础的杂技演出一样，《水晶》以冰为基础。由于令人眼花缭乱的表演和来自《阿凡达前传：托鲁克的首次翱翔》的布光创新，《水晶》在全球巡回演出中大受欢迎，以至于在两年之后我们又创作了第二个以“冰”为主题的剧目——《阿克塞尔》（*Axel*）。

2018 年，我们停下来休整了一下。这一年我们只创作了一个新剧目《巴扎》(*Bazzar*)，它是我们在印度的首次尝试。就像我们在墨西哥的晚餐秀《Joyà》和在邮轮上的"海上太阳马戏"一样，《巴扎》是一种更近距离的接触。其演出用的帐篷比我们平时用的大帐篷小得多，预算和票价也更低。《巴扎》的成功代表了我们学到的另一个教训：不那么奢侈的作品，仍然可以吸引那些我们可能会错过的大量观众。用棒球来做比喻的话就是，当通过一垒打也能够赢得胜利时，为什么要只依靠本垒打呢？

到 2019 年，我们已经准备好开启公司历史上最雄心勃勃的计划了——一年内推出 6 部剧作，是之前推出过的两倍。认为我们能够达到这样的规模其实非常大胆，但我相信我们有人才、资金和积极的精神来实现这一目标。艺术家们最喜欢的就是创作和表演，所以我们大家都为有机会真正地舒展我们的翅膀高飞翱翔而兴奋不已。

其中一部剧是应季的小作品《节日前夜》(*'Twas the Night Before...*)，它是为在芝加哥和纽约庆祝圣诞节而准备的；另一部则是重新启动广受观众喜爱的顶级剧目《欢跃之旅》，该剧从 1994 年开始已经巡演了 20 年。我们还制作了两部在体育场上演的剧作——冰上剧《阿克塞尔》和向阿根廷足球巨星莱昂内尔·梅西致敬的精彩作品《梅西 10 号》(*Messi 10*)，后者于 10 月在巴塞罗那开演，广受好评。最后我们计划的是两部驻场作品——在拉斯韦加斯的卢克索度假酒店上演的动作惊悚剧 *R. U. N.* 和我们在中国的首个常驻剧目《绮幻之境》(*The Land of Fantasy*)，后者于 8 月在杭州首演。

最让我兴奋和紧张的是在杭州推出的演出。从一定程度上来说，它是对我们是否吸取了《萨雅》的教训的一种检验。《萨雅》是我们 2008 年在中国澳门推出的一部命运多舛的作品。就像《萨雅》那时一样，我们打赌：沉浸在传统马戏中的中国观众，最终会接受太阳马戏的现代美学。虽然《萨雅》的门票销售很差，但我们坚信那是因为中国游客到澳门的目的主要是玩乐，而不是看演出。不过，为了以防万一，我们在杭州采取了与在澳门一样的方式来降低风险：我们的合作伙伴不仅要建造剧场，还要支付制作和运营成本。我们的中国合作伙伴愿意承担这些巨大的开支（总共超过 2 亿美元），因为如果没有我们提供的文化活动（这一活动再次展示了品牌的力量），他们的综合用途房地产开发项目将很难获得批准。

正如我们在前文中所看到的，《萨雅》的运作更多的是受商业逻辑的驱动，而不是源于对创造性的渴望。对于《绮幻之境》，我们决定不再犯同样的错误。在杭州新建成的剧场本身就是一件辉煌的艺术作品，其技术复杂性达到了 *KÀ* 的规模。它有两组旋转的露天看台，将观众置于故事的中心，并提供了两种独立的 360 度视角。与此同时，舞台由几块面板拼接而成，它们几乎可以组合成我们能想象到的任何形状。通过 3D 道具、全景显示技术和活板门，杂技演员会在一瞬间好像消失在风景之中，然后在你最意想不到的时候重新出现。《绮幻之境》是我们最具创新性、技术最先进的作品之一。

虽然太阳马戏已经在中国成功地进行了巡演，但我们知道，常驻剧目若想吸引更多的观众还需要假以时日。但积极的一面也显而易见。我们在杭州的演出可以有力地证明我们能够在中国蓬勃发展，就像我们在拉斯韦加斯的大型演出证明我们能够在美国取得成功一样。因此，我们认为《绮幻之境》将成为公司发展的一个转折点，其影响甚至比 *O* 打开拉斯韦加斯市场的影响还要大。

从过去的错误中吸取教训，推动我们在 21 世纪 10 年代末取得了一连串的胜利，看到这番景象着实令人兴奋。但我们在拉斯韦加斯的新作品 *R. U. N.* 则表明，我们终究还是普通人。

那时，离我们在拉斯韦加斯的一系列驻场剧目中的最后一部（即《迈克尔·杰克逊一号》）开演，已经有 6 年之久。而想要拿出一些真正原创的东西，面临的压力可不小。我们不仅要提供与拉斯韦加斯的其他场所完全不同的东西，而且还要证明太阳马戏不满足于吃老本。我们在拉斯韦加斯的第 7 部演出剧目，必须同时吸引太阳马戏的忠实粉丝和我们未来的观众千禧一代。

为了达到这些目的，我们决定完成一个对我们来说不同寻常的任务：一部受好莱坞电影和漫画小说启发、使用惊险特技的真人惊悚剧。我们聘请了迈克尔·施万特（Michael Schwandt）担任导演，他的作品包括电视节目《美国偶像》（*American Idol*），以及凯蒂·佩里（Katy Perry）、约翰·传奇（John Legend）的巡回演唱会等。我们的创意团队在花了将近一年的时间来设计动作场景（包括摩托车特技、武术表演和烟火表演等）之后，他们发现自己经常从新黑色犯罪电影《罪恶之城》（*Sin City*）中寻找灵感。所以我们直接去找了源头，聘请《罪恶之城》的联合导演和联合编剧罗伯特·罗德里格兹（Robert Rodriguez）来创作一个以拉斯韦加斯混乱的黑社会为背景的故事。

这一切在理论上听起来都很棒，但当 *R. U. N.* 在 2019 年 10 月首演时，我们知道我们有麻烦了。年轻观众喜欢这部作品，但我们的老粉丝却讨厌它。最大的问题是，我们的创作团队太过沉迷于帮派战争和主人公破坏婚礼的故事情节，以至于忘记了人们来看太阳马戏的演出可不是为了欣赏故事讲述和人物塑造的。我们的粉丝只需要三样东西：杂技、杂技、更多的杂技。如果看不到这些，他们就会有被背叛的感觉。*R. U. N.* 也没有观众们所期望的那种情感提升。它太阴暗了，尤其是一幕可怕的酷刑场景，以至于一些沮丧的观众没等到演出结束就离场了。

接受失败

我们怎么会让 *R. U. N.* 走到如此离谱的地步呢？有时候，你最大的优势（在本案例中即我们给予艺术家们的创作自由）也可能成为你最大的弱点。我们设定了常规的检查点来监督剧作的进展，但我们让创作者自由追求他们想法的承诺，造成了一定程度的偏离，进而导致了失败。现在回想起来，我们本应该介入，推动该剧走向新的方向；或者干脆把太阳马戏的名字从制作方名单中去掉，这样买票的人对这出特别的剧作就不会有特定的期待。

促使我们创新的动力很少会出现如此戏剧性的适得其反，但这是任何创意公司都可能掉入的陷阱。艺术过程很少遵循从A到B的有序、直接的进程。在通往成功的道路上总会有各种情况出现，比如错误的开头、死胡同、失误、偏离和错失机会等。在这种情况下，很难区分什么是正常的成长阵痛，什么是酝酿中的灾难。但无论如何，正如我们在第2章中看到的排练《魔幻森林》时的那样，对监督过程保持警惕非常重要。对于 *R. U. N.* 这部作品，我们没有做到这一点，最终付出了巨大的代价。

到2020年2月底，在开演4个月后，我们别无选择，只得宣布 *R. U. N.* 将在几天内停演。停演一部作品从来都不是件容易的事，但我们认为已经别无选择：来自社交媒体和其他地方的负面反应已经开始损害我们的品牌。有时，与其尝试彻底改造一个陷入困境的新项目，还不如干脆认输，因为彻底改造极为昂贵且耗时。失去了我们投资的 2 000 万美元确实叫人难以接受，而看到我们的亲密合作伙伴美高梅国际度假酒店集团也损失了同样的金额，更是令人难过。但我们试图从外面找一部剧目来取代 *R. U. N.*，由太阳马戏担任监制以吸引卢克索酒店所赖以生存的观众，从而为其减少一点损失。多年来，我们与美高梅建立了非常成功的合作关系，保持这种关系的牢固一直是我们的首要任务。

对于任何一家创新型公司来说，商务部门都往往比创意团队更难以接受失败。艺术家们学会了每天都将面临错误和失望，它们是创作过程中不可避免的一部分；与此相对的，则是股东和公司高管们可能会因财务损失而深感不安，并发誓绝不让这种情况再次发生。**当一切都顺风顺水的时候，人们很容易给创作独立的空间，但失败会削弱所有人对艺术自由最真诚的承诺。**可能还没等你意识到这一点，那些坐办公室的人就已经要求介入创作规划会议并指手画脚了。一旦到了这个地步，那就回天乏术了。

幸运的是，那种情况这一次并没有发生。但这段插曲确实让德太资本意识到，在经过多年、大量的投资之后（自 2015 年以来在新剧目和收购上投入的资金已达 5.5 亿美元），是时候放慢脚步，转向优化盈利的新战略了。我们已经创纪录地在全球有 44 部作品上演，现在这个时候应该以更可持续的速度开发新作品，用未来 2～3 年的时间弥补我们在 *R. U. N.* 上的损失，从德太资本的大笔投资和观众对我们品牌的信任中获得回报。

到 2020 年初，我们有了很多期待。《绮幻之境》的吸引力越来越大，好评如潮，在周末，杭州剧场的上座率达到了 70%（这对于一个新市场来说是一个巨大的数字）。在那个春天，我们还推出了一些令人兴奋的新剧目——在奥兰多的迪士尼世界常驻演出的剧目和从蒙特利尔出发的巡回演出剧目。在带领我们经历了 5 年的强劲增长之后，德太资本正在考虑让太阳马戏上市。这是很巨大的一次迈步，可以进一步提升我们的形象，让我们能在全球持续扩张。

就我个人而言，我在 2020 年 7 月迎来了自己的 67 岁生日。自从 20 年前我来到太阳马戏，到如今它已经形成了坚实的基础，并且取得了飞跃式的发展，我认为这一刻是我计划从首席执行官的位子上退下来的绝佳时机了。我心中混杂着骄傲、怀旧和满足，可谓是苦乐参半地期待着那一天的到来。

现在看来，那似乎是很久以前的事了。当时我们并不知道，公司将会遭到什么样的冲击。

BALANCING ACTS

太阳马戏的创意管理

- 你结交的人的类型会对你的职业生涯产生巨大的影响。与优秀的人为伍，好事将会发生。
- 让每个有意收购者对你的公司进行细致的考察，不仅能让你清楚地了解自己的优势，也能让你了解自己的弱点。
- 承认自己的弱点，一开始你可能会觉得尴尬，但当你根据反馈回来的信息采取行动时，从长远来看，它会让你变得更加强大。
- 别去打扰作品的主创人员，让他们 100% 地专注于自己的工作，让他们在吃饭、呼吸、睡觉的时候都想着新的作品。
- 有时，与其尝试彻底改造一个陷入困境的新项目，还不如干脆认输，因为彻底改造极为昂贵且耗时。

BALANCING ACTS

第7章

面临绝境最好的策略就是创意优先

创意的价值超过实体产品、
存货、工厂和其他不动产的
总和。

BALANCING
ACTS

像其他很多人一样，我们第一次预感到 2020 年将成为不寻常的一年是源于这样一个消息：一种新的病毒正在开始流行。《绮幻之境》无奈停演。

先照顾员工，再考虑成本和影响

从技术层面来讲，我们的演职人员是由我们在中国的合作伙伴杭州新天地集团雇用的，但这并不影响我的想法。他们是我们的人，照顾好他们是我的责任。

做出我的决定不像人们想象的那么简单，但我遵循的原则是：首先要照顾好自己的员工，然后再考虑成本和连带的影响。即使是在最好的时候，如果员工们感受不到人身的安全和公司的关心，任何公司的创意能力都不能得到充分的发挥。

随着病毒的传播，我们意识到我们需要抓紧时间。在几周之内，我打电话让所有人在航班全部取消之前尽快离开杭州。当我们最后一批员工登上飞机，安全到家后，我才终于能够放松下来，继续迎接下一个挑战。

当基础业务很大时，最明智的方法是坚持下去

2020 年 1 月 30 日，我们有了另一个重要的决定要做。按照计划，我们的大型巡回演出《月亮母亲》将于 4 月初开幕。我们决定谨慎行事，取消演出，以防万一。

尽管取消了两个演出项目，但我们并不是太担心，我们觉得事态很快就会得到控制。事后看来，我对我们花了很长时间才意识到这场危机的严重性感到惊讶。2020 年 2 月被我们称为“失去的月份”。

在太阳马戏，我们与我们在体育、戏剧、夜总会和音乐会领域的同行一样，继续经营自己的业务，坚信价值数万亿美元的现场娱乐产业将永远与我们同在。商人天生具有乐观的态度，虽然这种新病毒与以前的传染性疾病如 SARS、埃博拉、H1N1 等一样具有破坏性，但我们从来没有想到它会有能力让整个地球停止运转。

到了 2020 年 2 月底，疫情开始加速蔓延。彼时内华达州尚未报告第一例感染新冠病毒的病例，但早已神经紧张的各个组织纷纷开始取消在拉斯韦加斯召开的年会，导致我们的预售票销售大幅下降。接着意大利出现了大量病例，威胁到我们即将开幕的巡演《图腾》。在一个星期四，我飞到维加斯去完成令人不快的停演 *R. U. N.* 的任务，之后又跳上红眼航班返回蒙特利尔。回家之后还没来得及喘口气，我又得去处理下一部巡演剧目

《同一片天空下》（*Under the Same Sky*）的创作问题——我们得引进一名新导演，以便为当年 4 月在蒙特利尔的首演式做好准备。

2020 年 2 月 29 日，当我登上飞往奥兰多的航班时，我感到浑身的骨头都散了架，只好通过回忆公司以前经历过的困难时期来安慰自己。每一次，我们都能表现得比以往任何时候更好，所以我有信心也能度过这次危机。**当你的基础业务很强大时，最明智的方法就是坚持下去，直到重新站稳脚跟。**在正常情况下，这么做就已经足够了。

与迪士尼合作“艺术人生”

飞机降落在奥兰多后，我前往华特迪士尼世界，检查我们与迪士尼合作的新常驻作品《描绘生命》的排练情况。我终于获悉了一个好消息：这部作品非常精彩，有望成为我们有史以来最好的一部。

这个项目事关重大。在退休之前，我想确保太阳马戏能再次推出一部令人难忘的作品。为了让我们的品牌成为前沿创意的代名词，我一直认为公司需要每隔几年推出至少一款具有开创性的产品。一直以来，我们的巡回演出都取得了惊人的成功（事实上，在近 40 年的时间里，我们从未出现过一次失误），但我们最大的艺术成就似乎来自那些精心制作的驻场演出，比如 *O KÀ* 和《披头士之爱》等。在 2020 年，最有可能成为突破性事件的作品应该就是《描绘生命》。

创作这部作品的想法，是 2017 年我们在华特迪士尼世界的驻场剧目《梦幻嘉年华》停演时产生的。《梦幻嘉年华》这个剧目在迪士尼世界演出了 19 年。我不想把有 1 700 个座位的宏伟剧场让给其他公司，所以，当迪士尼提出与我们合作，用它标志性的知识产权打造一部新剧时，我非常兴奋。刚开始，这个想法在我们位于蒙特利尔的总部里并不受欢迎，因为一些员工对迪士尼的角色如何融入太阳马戏的表演持保留态度。但在与披头士乐队和迈克尔·杰克逊等独特的创意力量成功合作后，我认为这是又一个机会，可以创作出一些真正具有原创性、壮观宏大的东西。

在那天的排练中，看到作品的成熟度如此之高，真是令人激动。导演米歇尔·拉普里斯已经凭借《奇思宝柜》和《第七天——我不会休息》一举成名。在他的指导下，我们决定把该剧的焦点放在手绘动画和人类表演之间的相似性上。那些相似之处显而易见：观看杂技演员用慢动作回放的方式表演特技，就像观看手绘的卡通人物随着素描簿一页页的翻开而逐渐动起来一样。在创造这个作品时，我们希望使用最新的舞台技术来实现两者的无缝对接。彩排中，我惊奇地看到杂技演员与动画人物展开互动，演绎出一个感人的故事：一个女孩发现了已故的父亲未完成的画作，开始了一段与她童年时的迪士尼人物有关的戏剧性旅程。

排练结束后，我站起来大声欢呼，有一种满血复活的感觉。这部作品让我想起了我热爱这份工作的原因：有机会与极具创意的人一起工作，帮助推出这些不可思议的剧作。《描绘生命》将是我们双方都渴望的突破，这一点我毫不怀疑。之后，当我微笑着与演员和工作人员们拥抱、握手时，我们心中都充满了喜悦，并没有意识到随即到来的令我们心碎的打击。

当日子变得艰难，就变身“酷战士”

到了 2020 年 3 月初，新冠病毒已经蔓延到意大利所有地区，那里的医院已经拥挤不堪，非常危险。《图腾》原计划于当年 4 月 1 日在罗马开演，演出用的大帐篷都已经搭建完毕，但在意大利的卫生当局发出病毒“正在广泛传播”的警告后，我们在当地的赞助商决定关停演出。这个剧目原本还计划于当年 5 月在米兰上演，同样也被取消了。几天之后，意大利进入了全国封锁状态。

与此同时，我们的蓝人乐团世界巡演原计划于当年 4 月 14 日在韩国首尔开幕，但疫情如此严重，活动不得不也被取消。我们急急忙忙地想把在意大利和韩国被取消的演出重新安排到其他没有受病毒影响的地方，结果找遍全世界也找不到这样的地方。很快，世界卫生组织宣布新冠疫情已经在全球范围内大规模流行。

从 2020 年 3 月 9 日开始，我们的演出剧目开始像多米诺骨牌一样连续倒下：《喜悦之旅》在比利时安特卫普（Antwerp）、奥地利维也纳和法国蒙彼利埃（Montpellier）的巡演被关停，在法国里昂的《浪迹天涯》和西属加那利群岛（Canary Islands）的《露西亚》也一样；第二天，《浪迹天涯》的 6 月以色列特拉维夫之旅被叫停；2020 年 3 月 11 日，在加利福尼亚州的《沃尔特》《阿克塞尔》，以及在埃及开罗的蓝人乐团演出被取消——就在同一天，因为一名球员新冠病毒检测呈阳性，NBA 紧急暂停了该赛季的比赛，这一事件震惊了体育界。

在经营这家全球性现场娱乐公司近 20 年的时间里，我处理过无数的危机，更不用说我之前在危机管理公关领域的职业生涯了。我以为自己对处理紧急情况很是了解，但我对这次疫情大流行却是毫无准备。在太阳马戏总部，不断有人冲进我的办公室，给我带来更多的坏消息。在匆忙安排的高管会议上，我们做出的每一个决定还没等会议结束就无法执行了——又一个城市被封锁，又一批演出被取消，又一个国家的边境被关闭……于是我们不得不立即召开另一个会议，但每次会议都是同样的情形，每次都有人说“情况越来越糟了”。通常情况下，我会飞到世界上任何地方，帮助解决各种突发事件，但现在不可能了。在航班上感染这种疾病或被困在某个遥远的城市的风险太高了。

2020 年 3 月 12 日，我们的业务彻底跌入谷底。一天之内有 71 场演出被取消，包括当年 3 月到 10 月间计划在北美、欧洲、亚洲、大洋洲进行的 13 个巡演剧目的几乎全部所有演出，以及蓝人乐团的世界巡回演出等。在接下来的几天里，我们还关闭了最后几部巡回演出作品和 3 个常驻演出作品（在墨西哥的《Joyà》、在汉堡的《情人》，以及在华特迪士尼世界的酝酿中的《描绘生命》——最后一个最让我们感到痛苦），还有我们的子公司蓝人乐团、VStar 和 The Works 的另外 20 场演出。

2020 年 3 月 13 日，星期五，我们的董事会召开了一次电话会议，讨论下一步到底该怎么办。至少我们在拉斯韦加斯还有 6 部驻场作品在进行演出，也许我们可以保留它们，以保住部分收入来源。他们不可能关闭整个拉斯韦加斯价值数十亿美元的娱乐产业，对吧？

不，他们能。第二天，我正在理发店理发，手机响了。我刚结束一次通话，电话铃马上再次响起。就这样电话一个接一个，一个又一个……持续不断的干扰让我那可怜的造型师抓狂了。每接一个电话，我都要尽力去接受一个新的令人崩溃的现实：内华达州正在关闭所有非必要的企业，我们剩下的 6 部剧作所在的大型赌场度假酒店将被无限期关闭。

总而言之，我们彻底完蛋了。在不到一周的时间里，我们从在全球拥有 44 部作品的演出和超过 10 亿美元的年销售额变成了 0 演出和 0 收入。星期天，公司董事会召开了另一次紧急电话会议，但也没有太多话要说。我们公司拥有两大能力：往世界各地运送现场演出所需人员和设备的能力，以及吸引大量观众前来观看的能力。而现在，这两种能力突然都无法施展了。我们一点业务都没有了。

该怎么办呢？我一点思路都没有。我只知道自己必须保持冷静。当日子变得艰难时，我就会变成我所谓的“冷酷战士”。我所说的“冷酷”指的是我很少发脾气。压力越大，我就越专注。在这方面我很有天赋。砸桌子摔板凳固然会让人一时感觉很爽，但一旦头脑失去控制，就无法清醒地进行思考。在危机时刻，最重要的是静下心来，弄清楚自己的首要任务是什么，并制订相应的行动计划。

而我之所以自称为“战士”，是因为我从不放弃。我不是一个好斗的人，但我性格很顽强。我从未忘记自己的最终目标，无论是与披头士似乎无休无止的谈判，还是在经济大衰退后让我们的公司重回正轨。我知道我不是一个特别有魅力的领导人。我的行动比我的言辞更有说服力。尤其是在这个时刻，在公司的生死存亡之际，我们没有时间哗众取宠或自怜自艾。

然而，要做的工作太多了。我的第一要务是照顾滞留在国外的员工。取消所有演出让公司分散在世界各地 13 个城市的 1 500 名演职人员于突然间流离失所。由于新冠疫情导致全球交通瘫痪，他们必须被尽快送回自己的祖国——涉及的国家总共有 30 多个。

对我们的员工来说，这是一项艰巨的工作。由于疫情的影响，我们在蒙特利尔的大多数员工现在都居家办公，这让安排国外员工回家的工作变得更加困难。公司里总共有 30 人全职从事遣返项目。这项工作极其复杂。我们不得不安排一些员工穿越两三个城市把人送回家。费用也不便宜，购买机票、住宿和吃饭的费用高达数百万美元，但我们从来没有停下来考虑过费用的事。我们的主要敌人是时间，我们必须赶在员工们所在的国家边境关闭之前把他们送回家。

我们总算及时完成了这项工作，接着要处理的是后勤问题：寻找仓库来储存各地巡回演出所使用的大量设备。每部演出需要的设备多达 50 个巨型集装箱。我们总共用了 483 辆卡车，来装载数以吨计的照明和音响设备、空中索具、大顶帐篷、员工食品服务、特许经营摊位，等等。

终于，一切都结束了。我们所有的演出——23 部太阳马戏的作品和 21 部附属品牌的作品，都停演了；所有的员工都安全返家；所有的巡演设备也都得到了妥善安置。

接下来，最大的挑战来了：让一家没有收入、需要等上几个月甚至几年可能才会重新开业的公司继续生存下去。太阳马戏在其 36 年历史中所尝试过的所有惊人壮举中，这是迄今为止最令人望而生畏的工作。

你必须忍受短期的痛苦，才能获得长期的利益

2020 年 3 月中旬的时候，人们对新型冠状病毒还不太了解，但有一件事可以确定：它不会很快消失。在当时，专家们预测，至少需要 12 ～ 18 个月（甚至更长）的时间，才能研发出疫苗，而现场娱乐将是最后恢复的行业之一。在这种严峻的新的现实情况下，除了剧院、夜总会和

音乐会场馆，很难想象还有哪家公司比太阳马戏遭受的打击更大。

虽然我决心拯救公司，但我不是老板，这意味着最重要的决定不在我的掌控之中。我开始参加有 40 多人与会的电话会议，他们之中包括专门从事企业重组的投资银行家，以及律师、商业顾问和会计师等的团队。我们的顾问指出，由于没有了收入，我们根本没有资金支付每年 4 亿美元的工资开支。无论我们有多少现金，或者可以从东家那里迅速筹集到多少资金，都必须用于维持公司基本面的运营，这样我们才能度过应对危机所必需的复杂而漫长的公司重组过程——换句话说就是要先解决太阳马戏的生存问题，直到我们的演出得以恢复。另一个选择是卷起太阳马戏的帐篷，永远关闭我们的蒙特利尔总部，这样也就不需要任何员工了。但我们不打算这么做。度过此次危机的唯一途径既明确又令人心碎：我们将不得不解雇绝大多数员工。

毫无疑问，2020 年 3 月 19 日是我一生中最糟糕的一天。当时，我不得不宣布立即裁减 95% 的职员，包括了从表演艺术家到高层管理人员。那一天，公司共有 4 679 人失业。我们真心希望在演出恢复后重新雇用他们所有人，但我们不知道要等到什么时候。

我知道我们别无选择——有时候，你必须忍受短期的痛苦，才能获得长期的利益。但一想到我们敬爱的创作者、技术人员和辅助人员的生存问题，我就感到非常痛苦。这其中的讽刺意味极为明显：为了拯救这家公司，我不得不违背自己为艺术家创造就业机会的人生目标。在本书中，我谈到了照顾好员工的重要性，谈到他们对任何公司的创造性产出是多么重要，以及管理者必须多么努力地工作才能让他们感到安全。这一切并非虚情假意。但现在斧子却向他们砍去了，而挥动斧子的人正是我。

我们竭尽我们所能以减轻失业给员工们带来的伤害，包括补偿未使用的假期和保留他们的医疗保险（至少当时是这样做的）。我自己减薪50%。我们在蒙特利尔和拉斯韦加斯保留了一个由175名员工组成的核心支持团队，负责信息技术、规划未来的巡回演出、门票销售等重要职能，并为最终的重新招聘流程做准备。整个过程极其煎熬，这是太阳马戏历史上最艰难的一段日子。

通常情况下，我会当面向员工宣布这样的消息，但加拿大的社交距离政策清空了我们的总部，所有演员和工作人员都回家了。所以我不得不使用视频，通过专门的网络发布这个消息。那是一个超现实的场景，我坐在办公桌前（除一名视频技术员之外只有我一个人），盯着摄像机宣布了这个消息。平时，我们的总部总是充满活力：人们用几十种语言不停地交谈，穿着运动服的运动员们在大厅里边走边兴奋地讨论他们的工作，设计师在服装部门翻箱倒柜地寻找面料……现在这里几乎全空了。排练室里通常挤满了杂技演员，为排练新节目而在空中飞来荡去，现在也是空无一人。"这确实很难熬，我知道。"我听到自己对着镜头说，"但我们会一起打这场仗。"

在整个会议的过程中，我控制住了自己的情绪。大多数情况下，当我与员工见面、与董事会联系或者接听记者的电话时，我的肾上腺素都会飙升。通常，我并不害怕在悲剧发生时流露自己的情绪，比如有一次我们在坦帕市的一场演出发生致命事故，我去会见剧组演员和工作人员的时候。即使是愉快的时刻，比如引人入胜的首演礼，也能让我热泪盈眶。但现在不行，我要做的事情太多了。为了赢得这场战斗，我必须保持专注。

几个星期后，这段时间的沉重感最终压倒了我。一天晚上，在接受了一整天的媒体采访之后，我失眠了。到了凌晨 3 点半，我查看 iPad，想看看有什么新东西发布。有一篇文章让我气血上冲，文中准确地引用了我说的话，但其所用的标题却暗示压垮太阳马戏的罪魁祸首不是疫情而是债务水平。我对这种误导性的说法非常生气，过了好长时间才能躺下来继续睡觉。第二天早上，我去了几乎空无一人的总部，想到健身房锻炼身体，以藉此缓解一下压力。到了总部后，正好遇到服装部的一男一女走进来取他们的东西。“丹尼尔·拉玛尔先生，继续为我们战斗吧。”那女人哽咽着说道，“我们需要你。”我也不得不强忍住泪水。他们离开后，我的坏心情消失了，我又满血复活。我比以往任何时候都更加坚定，我要为员工们夺回他们的工作。

一个非常理想的被收购对象

魁北克的媒体报道倾向于关注我们的故事中最令人哗然的部分：我们的资产负债表上的巨额债务。以下事实倒也没有争议：德太资本集团欠了 9 亿美元，这笔钱是它在 2015 年为收购我们公司以及随后的一系列收购进行的融资。这样的杠杆收购在私募股权行业中很常见，它能让买家降低风险；在我们的案例中，还能帮助被收购公司发展壮大，创造更多的就业机会。同时，我们的贷款人认为这些贷款是明智的投资，因为我们是一家非常成功、值得信赖的公司，年收入达 10 亿美元，债务与利润比（EBITDA）有着非常健康的比率 4：1。

进入 2020 年，在利用自有资金和贷款投资给太阳马戏 5 年后，德太资本集团准备最终收获它播种的成果。该公司的计划是，通过减缓新剧目的开发来减少开支，继续偿还债务、优化利润，并准备通过申请首次公开募股（IPO）或直接出售公司的方式退出。从典型的私募股权持股时间框架（5～7年）的角度来看，这一策略非常合理，直到发生了这场疫情。

就在我们开始解雇员工时，有人站出来批评我们的杠杆率太高。但是当收入下降到0的时候，我们有多少债务都不重要了。无论是9亿美元、3亿美元，还是50美分，我们都付不起。我们也无法支付贷款的利息，所以我们出现了有史以来的第一次违约。让我们无法付钱给员工、自由职业者、供应商和债权人的，是一场无法预见的、使整个地球瘫痪的健康危机，而不是我们的债务。

就在这段惨淡的时期中，在太阳马戏“躺平”的时候，我突然顿悟了一个惊人的事实，心情随即好转。我认识到：我们公司不仅能在这场疫情中生存下来，而且还能再次繁荣昌盛。我之所以知道这一点，是因为我们接到了几十个来自世界各地的投资者的电话，询问关于收购我们的事宜。尽管我们受到重创，但我们的品牌影响力仍非常强大，我们的知识产权依然宝贵，我们仍然被认为是一个非常理想的收购对象。

那些令人兴奋的电话完美地展现了商业世界中创意的神奇力量。太阳马戏到底有什么呢？我们没有实体产品（除了一些周边衍生品），没有工厂，没有值钱的存货和昂贵的不动产；然而我们确实有一种秘密配方，它的价值超过了上述所有那些东西的总和。这种特殊的调味料，即使在最糟糕的时期，也仍然能使我们公司成为非常有吸引力的投资，它就是：我们的艺术家的创意。利用这种魔力，我们创造出了一种极其宝贵的资产：我们的知识产权，以及一个深受喜爱、在世界各地都能立即被认出来的品牌名称。这两者，是即便在我们收益为0的情况下潜在购买者也想购买的东西，因为他们知道这是一项伟大的投资。这就是为什么对任何企业来说，最好的策略都是优先考虑创意（即使从严格的达尔文主义观点来看也是如此）。

意识到太阳马戏不仅能够活下来而且还非常受欢迎之后，我每天早上都精力充沛地起床，开车前往几乎空无一人的总部，一路上不断念叨着我的那句口头禅“我要让员工们回来上班”。我就是靠着这个信念坚持了下来。

忽略噪音，将宝贵的时间用来拯救公司

幸运的是，我不是一个人在战斗，我的明星团队一直陪在我的身边。从 2020 年 3 月公司关闭的那一刻起，我每周 7 天的例行工作就是在早上 7 点到达几乎空空荡荡的总部，去健身房锻炼，然后会见我们的法律总顾问乔斯林·科特（Jocelyn Côté）和首席财务官斯蒂芬·列斐伏尔（Stéphane Lefebvre，他后来晋升为首席运营官，最终成为首席执行官）。每天，刚开始的时候，是我们 3 个人戴着口罩并保持着社交距离，在办公室里沟通最新的进展情况，确定我们最紧迫的优先事项。晚些时候，负责员工事务的首席人才官莱恩 · 拉莫思（Lyne Lamothe）、负责监督演出的两位高管首席创意官黛安娜 · 奎因和执行副总裁埃里克 · 格里利（Eric Grilly，他从拉斯韦加斯通过 Zoom 系统参加会议），以及现任全球公共关系主管的卡罗琳 · 库伊拉德（Caroline Couillard）等也加入进来。在我们共同抗击疫情的过程中，这 6 名顾问、知己和好朋友每天都与我在战壕里一起战斗。

虽然我们的主要目标是让公司维持下去，直到可以恢复演出为止（不管这一天何时才会到来），但我一直有一种深深的责任感，想要在经济上

帮助公司的下岗人员，并为我们的自由艺术家们拿到尚未拿到的演出报酬。问题是，该怎么做呢？当时我们的营收为0，手头几乎没有现金，而每月的开销却高达600万美元，用于支付在职员工工资、为拉斯韦加斯的600名下岗员工支付医疗保险，以及维持公司运转。

显然，要想生存下去，太阳马戏必须申请破产保护，并以令债权人满意的方式对公司进行重组。德太资本集团希望保留控制权，但它必须像其他投资者一样参与竞标。任何法院批准的协议不仅需要解决我们9亿美元的债务，还要注入数亿美元，让我们在疫情结束前能维持运转。看到世界各地的投资者们纷纷前来咨询投标事宜，我们倍感振奋，但这带来了另一个问题：魁北克省的政界和商界领袖们担心，外国买家可能会把我们的业务从加拿大转移到国外去。

对很多人来说，这是不可想象的。想想扬基队对纽约意味着什么，你就会很清楚我们在魁北克人心目中的地位。蒙特利尔当地的居民总喜欢说："我们这儿有两件事物闻名遐迩——加拿大冰球队和太阳马戏。"失去太阳马戏会造成巨大的经济影响。我们在加拿大的巡回演出平均每年可以带动高达1.2亿美元的经济活动，我们与近3 000家供应商的合作又可以为国民经济贡献2.77亿美元。而这些还不包括太阳马戏本身及相关联企业可提供的数千个就业岗位、我们缴纳的数百万美元税款，以及我们对慈善事业的大笔捐款。

为了避免这场灾难发生，魁北克政府通过其投资部门魁北克投资公司（Investissement Québec）给太阳马戏提供了2亿美元的贷款，条件是我们的总部和高级管理人员必须留在魁北克省。德太资本集团答应了。2020年6月29日，德太资本正式提出收购申请，要求太阳马戏申请破产保护，以保持它对我们的控制权。我们的东家将自掏腰包投资 1 亿美元，再加上来自魁北克省的 2 亿美元贷款，德太资本及其合作伙伴将获得 55% 的股权。贷款方将获得 45% 的股份，相当于 9 亿美元贷款的 40%。

太阳马戏的债权人或法院是否会认可这笔交易还有待观察，但我的眼光放在了长远的事情上。不管谁最终拥有了太阳马戏，我都想确保我们的艺术家们能得到报酬。幸运的是，我说服了德太资本，作为其提案的一部分，它为我们的艺术家和员工设立了一个 2 000 万美元的基金——其中 1 500 万美元用于下岗人员，500 万美元用于支付我们的自由职业者们报酬。如果没有魁北克省及时提供贷款，这个基金就可能永远不会设立。正是因为有了这笔贷款，德太资本集团才得以继续参与游戏，我也才能通过艰难的游说申请到钱设立基金。

我们申请破产保护的那天可谓是苦乐参半。一方面，这显然是一个悲伤的时刻，是我们公司历史上最低迷的时刻；另一方面，受到债权人的保护意味着太阳马戏有了一个极好的生存机会，而增加 2 000 万美元的员工基金立即给其他的潜在投资者带来了巨大的压力，因为这要求他们必须提供同样的条件。

我率领团队，与银行家、律师、会计师和顾问等各路人马一起，为拯救太阳马戏而工作，但很多时候，由于外界噪音的影响，我们很难集中注意力。媒体权威人士、政客、前雇员、匿名者，以及其他各色人等都随意对我们进行攻击。谣言遍地都是："太阳马戏管理不善。行政领导必须滚蛋。"（所谓"行政领导"指的就是我。）"属于这家公司的时代已经过去了。""太阳马戏得到了魁北克省的内部人士资助，花的是纳税人的钱。"（放心，那是贷款，不是拨款！），等等。把公司的所有者、管理层和我们的支持者描绘成恶棍，这似乎满足了一些批评者的心意，但他们的观点忽略了最重要的一个事实：我们正在经历一场疫病大流行，它关停了全世界的现场娱乐行业。在疫情发生之前，我们的事业可谓蒸蒸日上。

在创意公司工作的人会意识到，这种批评背后往往隐藏着一个不言而喻的假设：在高度创新的公司里存在一些古怪的和不负责任的东西，搞艺术的人并不真的知道如何经营企业。批评者们有时还会指责其他罪魁祸首：那些凶残的财务主管背叛了公司的创意根源。这种媒体叙事一旦占据上风，就可能很难消除。

6 月 12 日是我们最艰难的日子之一。那天是太阳马戏成立 36 周年纪念日，原本应该在快乐中度过，结果却非常令人痛苦。在蒙特利尔旧港口我们的大帐篷演出现场，一群自由职业者们聚集在一起，对公司的经营团队提出抗议，并要求我们支付亏欠 115 名艺术家的 150 万美元薪酬。没错，我们确实欠了那笔钱，而我们现在还无法支付给他们，这让我们难过。但由于我不能公开讨论这个问题（出于法律原因），人们并不知道我一直在幕后想尽办法争取钱，来为那些艺术家支付报酬。

在这种情况下，人们会倾向于进行反击，发起反向的公关活动，通过透露一些消息来恢复自己的名誉。对于本次事件，我希望公众知道一些基本的事实：疫情已经让数以千计管理良好的魁北克公司永远倒闭，而我们却还活着，并将在漫长的重组过程之后东山再起。然而，试图对媒体进行微观管理是一场失败的战斗。一天就那么多时间，最好的做法是忽略这些噪音，将宝贵的时间和精力集中在自己的工作上（从我们的角度来讲，目前的工作就是拯救我们的公司，确保我们的艺术家们拿到薪酬），并相信真相最终会大白于天下。

这样做也有助于保留一些客观判断。魁北克媒体对大多数负面报道都很感兴趣，但那些内容并没有广为传播。欧洲、亚洲和其他地方的人们似乎都不太关心我们当地的争论。国际媒体倾向于关注真正的要旨：在被病毒击倒之后，太阳马戏在努力东山再起方面取得了巨大的进展。

想象成功，将正在为之奋斗的结果可视化

事实证明，我们的债权人对太阳马戏的破产保护申请条款并不买账。他们毫不含糊地让法庭知道，欠他们的 9 亿美元价值应该远远超过公司 45% 的股份。法官认可了他们的说法。在这种情况下，贷款人的观点具有相当大的分量。

在申请破产保护前两周，我和我的管理团队与我们的债权人进行了第一次直接接触。我们已经做好了最坏的打算（被欠了巨额债务的银行家们很可能会充满敌意），然而我们欣喜地发现，他们非常和蔼，也很关心我们。“伙计们，你们不应该害怕我们。”他们说，“我们想成为你们的合作伙伴。我们的目标是拥有公司，并保留现有的管理团队。我们相信贵公司的品牌，相信未来会取得更大的成功。”

他们的话好听得让人难以置信，所以我们很自然地一开始就起了疑心：他们这么说，是不是只是为了在其他投资者出价时推高公司的价格和违约贷款的价值？

在随后的几个星期和几个月里，我们很高兴地发现，我们的贷款人立场从未发生过动摇。他们咨询了我们在拉斯韦加斯的剧场的所有者美高梅国际度假酒店集团，后者强烈建议他们留下我和我的管理团队。美高梅的

高管们表示："丹尼尔和他的团队知道他们在做什么。这就是他们在过去的 20 年里取得如此巨大成功的原因。"我们的债权人从未背离他们的承诺，把我们的总部留在了蒙特利尔；他们也不需要魁北克政府的 2 亿美元贷款，此外还承诺投入 3.75 亿美元自有资金，帮助太阳马戏恢复运营。

最重要的是，我听说我们的贷款人将效仿德太资本的做法，为艺术家和下岗员工设立 2 000 万美元的基金，这让我欣喜若狂。他们 3.75 亿美元的报价，加上我们欠的 9 亿美元，让我们公司的估值达到了 12.75 亿美元。这是一个令人震惊的数字，因为当时还没有研发出疫苗，而且我们短期内没有任何盈利前景（值得注意的是，这个估值仅略低于公司 2015 年出售时的 15 亿美元）。其他任何想拥有太阳马戏的竞标者，出价都必须超过这个数字。

德太资本集团出不了这个价格，最终选择了放弃。几个月后，当我与前老板一起参加最后一次董事会时，我的心情非常难过。我与这些来自德太资本、复星集团和魁北克储蓄投资集团的高管（尤其是吉姆 · 库尔特、戴维 · 邦德曼和戴维 · 特鲁希略）早已成了好朋友、好伙伴。在几个月的时间里，这些人总共损失了数亿美元。与董事会主席米奇 · 加伯（Mitch Garber）分手也让我非常难过。他是一位伟大的加拿大商人，多年来为太阳马戏做出了许多贡献。在最后一次视频会议上，想到这么多非凡的商业头脑竟然被一种微小的病毒打败，我想大家的内心一定都会有一点愕然的感觉。

看到我们的贷款人出价如此之高，其他十几个显然希望以低价收购太阳马戏的投资者也退出了。最后，太阳马戏向剩下的 5 位潜在收购者做了展示介绍，这其中包括我的老朋友盖伊 · 拉利伯特，他与一个投资集团合作，希望回到自己几十年前创建的公司。（2020 年 2 月，盖伊已将他最后的 10% 股份出售给了魁北克储蓄投资集团。）然而，他们之中没有一个出价能够超过我们的债权人提出的 12.75 亿美元。

9 月，法院宣布我们的贷款人赢得了拍卖，允许开始进入交易结束流程。那一刻，我知道公司已经得救了。我们的债权人可不是我们的敌人，而是承诺投入大量资源以确保我们生存的值得信赖的合作伙伴。

经过夏天和秋天，我对我们可能的新东家们有了更多了解。因为有 4 个主要的玩家，我们开始称他们为“四强”。一旦交易完成，40 家投资公司将拥有太阳马戏的一小部分股份，但下列 4 人将拥有约 53% 的控股权，他们是：加布里埃尔·德·阿尔巴（Gabriel de Alba），来自总部位于多伦多的 Catalyst 资本集团；查尔斯·“奇普”·里尼（Charles “Chip” Rini），来自纽约 CBAM 合伙人公司，这是大机构埃尔德里奇工业公司（Eldridge Industries）的一部分，该机构拥有洛杉矶道奇队的股份；纽约声点资本管理公司（Sound Point Capital Management）的创始人斯蒂芬·凯彻姆（Stephen Ketchum）；来自纽约利益街合伙人公司（Benefit Street Partners）的乔·罗德巴德（Joe Rodbard）。

我们未来的新主人给我印象最深的，是他们渴望了解我们公司与众不同的业务的迫切心理以及他们的耐心。他们明白，可能还需要很长一段时间，现场娱乐行业才能恢复正常。过早回归不仅会让他们损失数百万美元，还会严重损害品牌。他们告诉我们：“我们非常希望演出能恢复正常，但只有在条件合适的时候才行。”

那时，曙光已经初现。2020 年 5 月 26 日，《绮幻之境》在杭州重新上演。由于旅行限制，我们的艺术家们仍然无法入境，只能代之以中国本土的表演者（他们遵守严格的安全规程）。尽管如此，戴着口罩、保持着社交距离的观众们仍然非常享受演出，票房收入非常可观。同时，我们也很欣慰地看到，《Joyà》剧场晚餐秀于 2020 年 7 月 3 日在墨西哥重新上演，尽管到了秋季，它不得不由于突发的疫情再次暂停。就像职业运动队中断比赛日程一样，我们只有在安全的时候才会重启演出。在我们为其他剧目的最终重新上演做准备的时候，这些重启工作也给了我们很多宝贵的经验。

通过戏剧性的所有权争夺战和试探性的重启，我学到了关于如何度过艰难时期的重要经验。在面对这样的危机时，重要的是不仅只抱持成功的希望，而且要积极地把这个目标具象化。

所有困难的任务（让我们直面这一事实，即所有创造性的行为都是极其困难的），都伴随着担心和怀疑。这种消极的能量让我们很难想象成功的模样，更不用说去实现它了。所以，**第一步就是消除焦虑，理清思绪。不要向团队成员展露你的焦虑，因为这会让你周围的人失去安全感，心生恐惧。**他们会说："如果连丹尼尔 · 拉玛尔都开始感到担心，那我们真的是有麻烦了。"

相反地，你应该从任何可能的地方寻找鼓励。对我来说，一个意想不到的鼓励来源，是我穿过几乎空无一人的总部时与大楼物业的员工——门卫、保安等人的日常交流。

"嘿，你不会放弃的，对吧？"他们会问。"绝对不会！"我高声冲他们说，"我们正在杀回来的路上呢！"

我惊奇地发现，在心情沮丧的时候，这些微不足道的交流给了我勇气，让我用身边每个人都能感受到的正能量面对新的一天。这种乐观的心态有助于进行下一步：将我正在为之奋斗的结果可视化。我开始想象：在疫情结束之后，我来到拉斯韦加斯的百乐宫观看 *O* 的第一场重启演出，感受着熙熙攘攘的人群的兴奋；我坐在观众席上，观看我们与迪士尼合作的精彩新作品《描绘生命》的首演礼；我看着员工们涌回总部，兴奋地聊着各自的项目。

这个过程很像我们的运动员和艺术家们在准备上台前进行的仪式。他们会在脑海中把自己的表演动作放慢到微秒，看着自己完美地完成每一个奇迹般的壮举。所以，当他们真正开始表演时，动作就自然而然地完成了（在做动作之前是没有时间进行有意识的思考的）。这一点对于任何创造性的行为都适用，无论是刻一座雕像，还是为一个复杂的商业交易寻找解决方案。将整个过程和期望的结果可视化，会让成功成为必然的事。

不知不觉中，在每天早上穿过“小丑巷”走廊时，我开始了另一个仪式。路过的那些精彩的照片让我忍俊不禁。我开始想象我们才华横溢的小丑们从他们家的樊笼里挣脱出来，重新出现在舞台上，让人们再次开怀大笑。

在创意与现实、梦想与买单之间保持平衡

2020 年 11 月，在疫情让我们关停 8 个月后，在乔斯林 · 科特的办公室里，科特和我以及斯蒂芬 · 列斐伏尔打开免提，接听会议电话。

“你们还好吧？”一个声音说道。“是的。”我们回答道。

这种模式重复了几十次。一位律师会说“你们还好吧”或者类似的话，然后，我们的每一位新主人一位接一位地对交易条款做出肯定的答复。

随着最后一句“是的”，通话结束了。太阳马戏正式有了新主人！我们 3 个人欢呼起来（只是欢呼声被我们的口罩遮盖了一部分）。我们想要拥抱，想要狠狠地击掌，但我们还是克制住了自己。随后我们冲进走廊，与莱恩 · 拉莫思、黛安娜 · 奎因、卡罗琳 · 库伊拉德以及大约 20 名从大楼其他地方跑出来的员工聚在一起，开香槟庆祝。我们赢得了这场战争！

随后，我们宣布交易结束。我的老朋友、美高梅国际度假酒店集团的前首席执行官兼董事长吉姆 · 穆伦，将与 Catalyst 资本的加布里埃尔 · 德 · 阿尔巴一起担任董事会的联合主席。世界各地的媒体对太阳马戏存活下来这一消息做出的反应是压倒性的。我花了 14 个小时接受电视网、网站、报纸和杂志的采访，这些采访在全世界大约有 50 亿潜在受众。当消息在互联网上传开时，我们收到了数千封电子邮件和数百万条社交媒体留言，比如“我们很高兴太阳马戏回来了！你们什么时候回我的城市演出？”，等等。民众们巨大的兴趣证明了，我们品牌的力量依然与我们关停的那一刻时一样强大，这可真令人惊讶。

我们发布公告还有另一个目的：我想向我们的现任和前任员工传递一个充满希望的信息，让他们知道我们的一些补偿工作正在进行中。对我们的数千名下岗职工来说，1 500 万美元的基金相当于每人可得到几千美元，作为他们的失业救济金的补充。而另外 500 万美元的基金则用来给我们的自由职业者们支付全额报酬。我们知道，这些措施还远远不够，因为在我们的剧目恢复上演之前，员工们还是得想办法生存下去。由于无法改变这种严峻的局面，我再次就自己可以控制的事情作出承诺：制订我们下一阶段的复出计划。这意味着我们必须在安全的情况下尽快重新开始创作作品。

在把 2020 年的大部分时间都花在了财务方面之后，我终于可以放心地重新开始思考创意方面的问题了。本书中的许多故事都涉及我们在创意和实践、梦想和生存之间的微妙平衡。就像高空走钢丝的杂技演员一样，我们每个人都必须找到一种动态的平衡，使得我们能继续前进而不跌落。当公司的所有权问题得到解决时，太阳马戏显然已经失去了平衡。在公司内部和公众眼中，我们公司的命运由投资者、律师和会计师们决定，而不是由艺术家、创意总监和服装设计师们决定。这种不平衡鲜明地提醒我们什么才是真正重要的事情。不管多少金钱或财务专业知识，都无法取代我们存在的理由——构思作品，并将它们展示给我们的观众。这一点适用于任何一家公司。没有一个充满激情的创作核心，你将一无所有。特别是在危机中，这些无形的灵感火花绝不能被商业方面的需求所熄灭——对我们和太多太多的其他人来说，在疫病大流行的这一年，情况就是如此。

中场休息结束，太阳马戏回来了

因此，当第一种针对新冠病毒的疫苗获得批准的消息传来时，我们兴奋异常，我们终于可以开始考虑恢复我们的演出了。很明显，我们的第一要务应该是我们在拉斯韦加斯的驻场演出，因为大多数艺术家仍居住在这个地区。由于国际边界仍然大多处于关闭的状态，在我们的员工获准出国旅行之前，我们的巡演作品都无法上演，我们可能还得等上一段时间。

2021 年伊始（我庆祝了自己到太阳马戏工作的 20 周年纪念日，几个月前我还无法确定我能否到达这座里程碑！），我们有两个紧迫的问题：一是拉斯韦加斯什么时候才会安全到允许举办大型集会，二是需要多长时间才能把我们的艺术家阵容组织起来。显而易见，我们那些被隔离在家的员工是没办法在自家客厅里进行训练的。同时，除非我们的艺术家们 100% 地做好了表演的准备，否则我们永远不会拿他们的健康冒险。

幸运的是，随着疫苗接种计划的推出，感染新冠病毒的病例数、住院率和死亡率相对呈快速下降趋势。到了 2021 年的 4 月，我们与拉斯韦加斯赌场的合作伙伴和内华达州政府官员的谈判已经取得了相当大的进展。最初，我们计划以百乐宫的 *O* 作为我们回归的第一场演出。它是我们的招牌剧目，也是世界上最卖座的作品（在过去的 20 多年里，没有一出剧作能卖出那么多的门票）。但金银岛赌场酒店的老板菲尔·拉芬（Phil Ruffin）极其热切地希望《神秘》能尽快在他的场地上重新开演。[拉芬在 2009 年从美高梅幻影（美高梅国际度假酒店集团以前的名称）手中买下了金银岛。] 用《神秘》来作为首场演出有一种诗意的正义在其中：这部于 1993 年开始上演的作品，是我们在拉斯韦加斯的第一部驻场演出，它的成功永远地改变了这座城市的娱乐景观。

2021 年 4 月 21 日，我们终于可以大张旗鼓地宣布，在剧场关灯停业一年多之后，太阳马戏再次大放光芒——“幕间休息结束了！”《神秘》将于 6 月 28 日重新上演，*O* 将于 7 月 1 日重新上演。我们甚至设法安排了两部剧作进行巡回演出——11 月《浪迹天涯》在多米尼加共和国的蓬塔卡纳市（Punta Cana）上演，2022 年 1 月《露西亚》在伦敦的皇家阿尔伯特音乐厅上演。我们还宣布，蓝人乐团将于 6 月底重返拉斯韦加斯的卢克索赌场酒店。

正如你想象的那样，我与员工的视频通话非常感人，因为这个消息我们已梦想了太久，如今美梦终于成真了。从我的电脑屏幕上，我可以看到大家喜极而泣。通话结束后，我长期以来的模范行政助理丽塔·费奥兰特（Rita Fiorante）走进了我的办公室，她的眼里也噙满泪水，我再也无法保持平静。在经历了大规模裁员的创伤后，我终于重拾我在这个地球上的使命：为艺术家们创造就业机会。

接下来要做的是重新组织起我们的演出，这是一项艰苦的工作。我们只有两个月的时间来拾起我们复杂的作品使其运作起来，而我不知道演员们都处于什么样的状态。很快，我就被来自拉斯韦加斯的导演们的报告惊呆了：他们几乎所有人状态都很好。他们在疫情期间的机智令人惊讶，他们在自己的车库和后院安放了杂技训练器材，努力锻炼，并相互监督以保持信心。我早就知道我们的这些艺术家与众不同（看看任何一场演出都能明显地看出这一点），但直到这一刻，我才完全意识到他们有多么特别。这是对我们的选角过程的一次强有力的验证，我们从未预料到我们的演员必须经历这样一个超现实的考验，用前所未有的方式挑战他们的承诺。

在重新开业前的几个星期里，我们的门票销量一路飙升。随着拉斯韦加斯的开放和游客的不断涌入，人们对现场娱乐的需求如此之大，以至于我们的日销售额达到了正常时期的两倍。我们也接到了来自世界各地的推广者、政府机构、开发商和艺术组织的海量电话，询问我们什么时候能去他们的城市演出。这是我们多年来从未见过的景象。在漫长的停演期间，我们的品牌不仅没有失去光彩或被遗忘，反而比以往更受欢迎。

当我在 2021 年 6 月底到达拉斯韦加斯时，那里的气氛非常热烈。彩排中的每一个拥抱、飞吻和击掌，都洋溢着人们的兴奋。我们被来自世界各地的媒体询问所淹没，我花了很长时间来接受采访，这让我意识到了这一刻的深远意义：在百老汇剧院仍然关闭的情况下，拉斯韦加斯和太阳马戏已经成了现场娱乐业复兴的整体象征。

终于，《神秘》开演的时候到了。剧场中座无虚席，观众们充满了兴奋和期待。与往常一样，表演从一个小丑抱着一只奇怪的鸟登台开始。但这一次，在提醒观众不要吸烟和拍照后，小丑补充说道："幕间休息结束了。太阳马戏回来了！"观众们哄堂大笑，舞台上的能量彻底爆发。我们的艺术家们处于巅峰状态，好像从来没有暂别过舞台一样。

在蒙特利尔的那些黑暗的日子里，被困在几乎空无一人的总部里时，我经常梦想这一刻。但我从未料想到，观众和表演者们的情感波浪竟会如此汹涌澎湃。如果说疫情带给我的是生命中最糟糕的一些日子，那么《神秘》的重新上演则给我带来了人生中最美好的时光。从噩梦到纯粹的快乐，这段旅程是如此漫长。

3 天后，为了 *O* 的重新上演，我们精心策划了一场演出前的庆祝活动。两辆豪华轿车驶来，停在百乐宫酒店的大门口，美高梅国际度假酒店集团的首席执行官比尔 · 霍恩巴克尔和我分别拉开一辆车的车门。那一幕我永远不会忘记：我们身着演出服的演员们从车上跳下来，一个接一个地与我拥抱，成群结队的记者举起相机"咔嚓咔嚓"地拍照。随后，我们大步走进百乐宫，游行一般地穿过整个酒店，人们欢呼着送上鲜花，手上举着"欢迎回来！""多么快乐的一天！"等标语牌。

开演时间到了，我和我的妻子艾曼纽走进剧场，一位引座员向我走来。"先生，您不认识我，但我认识您。"他说道，"我已经 15 个月没工作了，现在您又把工作还给了我。”他拥抱了我，继续说道：“我只想说声谢谢您。”

O 的演出有如神助，整个过程毫无瑕疵，情感爆棚。演出结束后，我在降下帷幕的舞台上与演员和工作人员见面。喝了一杯香槟后，我把他们介绍给了我们的管理团队，以及我们的新老板兼董事会联合主席加布里埃尔·德·阿尔巴。然后我试着讲几句话来向他们表示感谢。

“这是一场非常非常漫长的冒险，所以我必须得发自肺腑地说几句。”我承认有时我并不确定公司能否生存下去，但是我们又回来了，我说，这都是因为“你们这些艺术家信心坚定”。“你们是如何向我们展示自己的信心的呢？通过持续不断的训练，保持身材的完美。知道吗？这太给我们鼓舞了。我们曾独自坐在办公室里，想象着我们在维加斯复出的第一个晚上的情景，现在……”说到这里，我已是泪流满面，我们获得的巨大成就和深深的感激之情冲击着我，“我们实现了梦想。我想感谢你们，因为……”我仍然哽咽着，最后好不容易把想说的话大声喊了出来：“我们回来了！”

在集体祝酒之后，我在舞台上走了一圈，走到每一个演职人员面前——总共约有 200 人，我向他们每一个人举杯致敬，说一声“谢谢你”。

珍惜你那些充满热情的员工吧。没有他们，你的公司就无法在疫情或其他情况下生存。有了他们，你就有了无限的创意，可以推动你的组织达到新的高度。当然，每个人、每家公司的具体情况不一样。对我们来说，创意意味着创作出壮观的演出，让观众惊叹，激励他们去拓展自己的边界、追逐自己的梦想，并相信一切皆有可能。

BALANCING ACTS

太阳马戏的创意管理

- 首先要照顾好自己的员工，然后再考虑成本和连带的影响。即使是在最好的时候，如果员工们感受不到人身的安全和公司的关心，任何公司的创意能力都不能得到充分的发挥。
- 当你的基础业务很强大时，最明智的方法就是坚持下去，逆来顺受，直到重新站稳脚跟。
- 在危机时刻，最重要的是静下心来，弄清楚自己的首要任务是什么，并制订相应的行动计划。
- 在面对危机时，重要的是不仅只抱持成功的希望，而且要积极地把这个目标具象化。
- 珍惜你那些充满热情的员工吧。没有他们，你的公司就无法在危急情况下生存。有了他们，你就有了无限的创意，可以推动你的组织达到新的高度。

创意管理需要想象力，也需要自律

当公司在2021年夏天重新开始运营时，我们靠着肾上腺素的作用，推出了一场又一场新演出，感觉有点像是回到了疯狂的旧时光。在本书即将出版之际，我们一周之内在拉斯韦加斯重新启动了蓝人乐团、《神秘》和*O*，并忙着排练太阳马戏在拉斯韦加斯剩下的3部驻场作品《披头士之爱》《迈克尔·杰克逊一号》（计划于2021年8月上演）和*KÀ*（计划于2021年秋天上演）。我们与迪士尼在奥兰多的新合作项目《描绘生命》也将于2021年年底推出。

同时，我已经在与我们经营度假酒店的合作伙伴们会面，计划开发新产品。在墨西哥，丹尼尔·查韦斯·莫兰热情地同意了我们一直在策划的、在他美丽的维丹塔新巴亚尔塔度假村举办的晚餐秀，开始上演时间目前定于2024年。在拉斯韦加斯，美高梅的首席执行官比尔·霍恩巴克尔和首席运营官科里·桑德斯（Corey Sanders，他同时也是我们的董事会成员），要求我们继续为他们在拉斯韦加斯和海外的物业资产打造新作品。此外，我们还正在为美高梅开发一款新的卡巴莱歌舞表演。

我们还忙于重新启动几十部巡回演出剧目，包括太阳马戏自己的剧目，以及附属品牌蓝人乐团、VStar 娱乐集团和 The Works 娱乐公司的剧目。随着各地的情况变得越来越安全，我们计划在 2023 年恢复全部的演出。

注重质量

尽管所有这些进展非常令人振奋，但我发誓我们不会急匆匆地开业。这是我们从早期经历中吸取到的重要教训，当时我们同时开发了太多新产品，导致质量受到了影响。

这并不是说我们在缩减规模。完全不是。我们仍在努力恢复几乎所有的停业前运行的 40 多个剧目。但在漫长的间歇期里我们意识到，有时为了公司的利益，我们的野心太大了。今后，我们将以更稳健的步伐推出新产品。每年一部新的驻场演出作品应该是我们的极限，这将使我们有时间去专注于质量，精心打造每一部作品，也将确保我们有足够的资源去解决那些会不可避免地出现的问题。对于巡回演出来说，这意味着我们每年可以去北美、欧洲和亚洲的 10 座主要城市，每两三年去一次较小的城市，同时让新剧目与《欢跃之旅》这类的经典剧目交替上演，以避免重复。

更加专注并不意味着缺乏创意。相反，我们仍将与世界上最好的艺术家们合作，不断探索和开发众多新想法，直到确定一个既让我们喜欢、也让我们的合作伙伴兴奋的杰出作品，在理想的状态下该作品将能持续运营几十年。回顾我在太阳马戏的时光，每次以这种方式运作，我们都会最大限度地获得成功。

从另一个角度来看，我们是在采纳我所谓的“创造性纪律”。无论你身在哪个行业、你的职业目标是什么，专注、坚持到底以及做好事情的能力，与产生一百万个绝妙的想法至少是一样重要的。是的，创意有时的确需要仰望星空和驰骋想象，但正如任何音乐家、演员、舞者、诗人或画家都能告诉你的那样，它同样也需要极大的自律。经营企业也是如此。

精简无效的企业结构

疫情期间的停业，让我们有机会以另一种方式遵守纪律。我们有机会重新审视我们企业的结构，思考哪些有效、哪些无效，并找出低效和浪费之处。我们决定维持所有剧作的原貌不去动它们（如今，所有的演职人员仍保持不变），但我们努力寻找减少其他方面开支的方法，以便使公司更加精简和灵活。我们精简掉了庞大的管理层级；用 Zoom 视频会议代替昂贵的异地出差；即便在回办公室工作已安全无感染之虞时，我们也让员工部分时间在家工作，以便节省空间。我们最优先考虑的仍然是剧作本身，因为我们的演职人员是将产品提供给消费者的人。我们的规则是：离舞台越远的部分，操作就必须越经济。

任何公司在任何时候都可以开展这种淘汰过程，无须等到出现全球卫生紧急状况时才去做。每年在年度预算审议期间，应该仔细检视整个运作过程，就像公司刚开始创立时一样。在离核心业务最远的领域寻找效率，因为这些地方最容易变得臃肿多余。经过这样一次严格的会计核算，我们很高兴地看到公司最终减少了债务，财务状况大大改善。

抓住数字化领域的机遇

疫情还让我们看到在数字化内容领域存在的巨大机遇，从而让我们把业务做得更好。在封锁期间，如果有什么组织会因流媒体服务和在线娱乐的兴起感到倍受威胁，那就应该是像我们这样的现场娱乐公司。但我们却惊讶地发现，科技大大提升了我们品牌的影响力，激发了消费者对我们的现场演出的兴趣。

停业后不到两周，我们就推出了一个名为“太阳马戏链接”的免费数字内容中心，通过互联网和社交媒体渠道与我们的粉丝保持联系。我们首次提供的内容有：一个 60 分钟的特别节目，包括《奇思宝柜》*O* 和《露西亚》的精彩片段；一款虚拟现实 App；训练视频和化妆教程；还有配乐和音乐视频。后来，我们又添加了一些关于小丑、杂耍和杂技等的迷你纪录片，以介绍我们的表演者为主的真人秀，以及更多的精彩现场活动。

这项服务开始进行测试的时候，一些员工开玩笑地打赌观众数量会有多少。我的猜测最乐观——200 万的浏览量。然而结果却非常离谱。在早期测试的时候，我们就获得了 1 400 万的浏览量。截至本书出版前，我们的浏览量已超过 7 000 万。这生动地说明了我们品牌的力量、我们艺术内容的价值，以及我们在线上盈利的巨大潜力。

“太阳马戏链接”仅由两名员工负责打理，但它却给公司带来了如此多的好东西。它将我们的受众群体扩大到更年轻、更懂数字技术的粉丝之中。它促使米高梅影业（MGM Studios，它与我们在拉斯韦加斯的合作伙伴美高梅国际度假酒店集团没有任何关系，只是名字相似）批准了一部关于 *O* 重新上演的纪录片，该片由一流的电影制作人道恩·波特（Dawn Porter）执导。它还促使迪士尼 +、亚马逊 Prime Video 和奈飞等多家流媒体平台前来与我们洽谈，请我们为它们开发原创艺术内容。

要对数字技术的巨大力量保持开放的心态，即使是将其视为威胁的行业如零售业、制造业或现场活动业等也应该如此。

与粉丝进行线上互动，不仅不会有损我们的现场演出业务，反而能通过加深我们客户的参与度来改善我们的业务。

在疫情最严重的时候，观众们是如此想念人与人之间的互动，因此我们现在所经历的，正是人们对我们的演出压抑已久的需求的爆发。显然，人的内心中有某种东西渴望与他人建立身体上的联系，无论是在舞台上还是在舞台下。这就是为什么即使在疫情暴发前、在流媒体平台提供大量廉价娱乐的同时，拉斯韦加斯和百老汇的演出依然可以屡破纪录。在数字时代，现场演出已经成为人们愿意为之支付额外费用的特殊事件，随着线上产品变得越来越丰富，其价值实际上也在不断上升。

从根本上说，观众们明白他们在现场看到的音乐会、喜剧表演、魔术表演、舞台剧、杂技表演等，是无法通过数字技术来复制的。相反，他们想要线上内容对他们的现场体验进行补充，如提供幕后采访、纪录片、配乐、演出集锦等。我们的世界已经变成了实体和数字内容的混合体，能够同时在这两个领域满足消费者需求的公司将最终胜出。

大胆启程，去踏上创意之旅

有时候，我们很难想起新冠疫情之前生活是什么样子。2020 年年初的时候，我正准备着退休的事情。自从被德太资本集团收购以来，我们公司发展迅速，IPO 也正在计划之中，我很高兴能高调地离开。

而这一切都被这种病毒给颠覆了。经历了几十年的成功之后，我以为自己的职业生涯将以失败告终。幸运的是，我没有太多的时间去沉湎于那种令人沮丧的念头。我把全部精力都专注于拯救这个公司了。在危机最严重的时候，我觉得我能做的最多不过是让太阳马戏免于破产，然后悄悄地把接力棒交给下一任首席执行官。

后来我遇到了我们的新老板们，包括我们的董事会联合主席加布里埃尔·德·阿尔巴，他们要求我留下来，带领太阳马戏恢复稳定并实现盈利。到了这一步，我怎么能拒绝呢？当我们开始讨论重启我们的演出时，我偶然联想到，我是在帮助公司把沉船从海底拖上来，然后看着它满载荣耀扬帆远航，就像我们神秘的水上秀 *O* 中的场景一样。

现在太阳马戏已经回归，重新开始运行，我意识到这是启动过渡工作、让下一代领导人接管公司的最佳时机。在本书即将付印之际，我宣布，我们精明强干的首席运营官斯蒂芬·列斐伏尔将接任首席执行官一职。我将继续担任太阳马戏董事会的全职执行副主席至少两年，以尽我所能帮助过渡交接。知道我们公司会有这么好的掌门人，我真心感到高兴，交接将会非常顺利。

在了解了我们的新东家之后，我比以往任何时候都更看好太阳马戏的未来。搞清楚我们这家不同寻常的公司的运作机制是一个挑战，我花了好几年时间才掌握诀窍，所以看到在《神秘》和 *O* 重新开演之际，阿尔巴在拉斯韦加斯花了整整两周时间吸收我们的文化、学习我们里里外外的业务，我非常高兴。（毕竟，他是我们最大的单一股东，拥有公司 30% 的股份。）他观看了排练和演出，与演职人员们交谈，旁观了我们与美高梅的互动，并问了很多问题。我们执行委员会的 4 位成员——阿尔巴、另一位董事会联合主席吉姆·穆伦、列斐伏尔和我，也有时间来建立良好的关系。我相信，无论何时出现何种问题，我们都会迅速把它解决掉。

回顾我在太阳马戏的 20 年，我非常惊讶地看到，自己对生活和生意的看法发生了如此大的变化。2000 年年底，当我接到盖伊疯狂的电话，邀请我加入他的马戏团时，我正生活在另一个世界中——以谨慎、顺从和停滞为标志的现实世界。而今天，我可以无拘无束地帮助列斐伏尔和董事会采取任何策略，以最大限度地挖掘我们极具天赋的艺术家、员工、附属公司和合作伙伴们的创意。

虽然我已经从日常管理的岗位上退了下来，但我的目标是继续担任商业创意的布道者，鼓励众多公司摆脱旧规则和传统思维的束缚，释放员工的创新精神。没有时间可以浪费了。伟大的德国诗人歌德说得很好：“无论你能做什么，或梦想能做什么，开始做吧。勇气之中蕴含着天赋、力量和魔力。”这是一种我们太阳马戏在每一场演出中都试图效仿的精神。

未来，属于终身学习者

我们正在亲历前所未有的变革——互联网改变了信息传递的方式，指数级技术快速发展并颠覆商业世界，人工智能正在侵占越来越多的人类领地。

面对这些变化，我们需要问自己：未来需要什么样的人才？

答案是，成为终身学习者。终身学习意味着永不停歇地追求全面的知识结构、强大的逻辑思考能力和敏锐的感知力。这是一种能够在不断变化中随时重建、更新认知体系的能力。阅读，无疑是帮助我们提高这种能力的最佳途径。

在充满不确定性的时代，答案并不总是简单地出现在书本之中。“读万卷书”不仅要亲自阅读、广泛阅读，也需要我们深入探索好书的内部世界，让知识不再局限于书本之中。

湛庐阅读 App：与最聪明的人共同进化

我们现在推出全新的湛庐阅读 App，它将成为您在书本之外，践行终身学习的场所。

- 不用考虑“读什么”。这里汇集了湛庐所有纸质书、电子书、有声书和各种阅读服务。
- 可以学习“怎么读”。我们提供包括课程、精读班和讲书在内的全方位阅读解决方案。
- 谁来领读？您能最先了解到作者、译者、专家等大咖的前沿洞见，他们是高质量思想的源泉。
- 与谁共读？您将加入优秀的读者和终身学习者的行列，他们对阅读和学习具有持久的热情和源源不断的动力。

在湛庐阅读App首页，编辑为您精选了经典书目和优质音视频内容，每天早、中、晚更新，满足您不间断的阅读需求。

【特别专题】【主题书单】【人物特写】等原创专栏，提供专业、深度的解读和选书参考，回应社会议题，是您了解湛庐近千位重要作者思想的独家渠道。

在每本图书的详情页，您将通过深度导读栏目【专家视点】【深度访谈】和【书评】读懂、读透一本好书。

通过这个不设限的学习平台，您在任何时间、任何地点都能获得有价值的思想，并通过阅读实现终身学习。我们邀您共建一个与最聪明的人共同进化的社区，使其成为先进思想交汇的聚集地，这正是我们的使命和价值所在。

北京市版权局著作权合同登记号　图字：01-2024-0501

图书在版编目（CIP）数据

把创意作为战略核心 /（加）丹尼尔·拉玛尔（Daniel Lamarre）著；孙文龙译. -- 北京：中国财政经济出版社，2024.2
书名原文：BALANCING ACTS
ISBN 978-7-5223-2784-6

Ⅰ.①把…　Ⅱ.①丹…　②孙…　Ⅲ.①企业创新—研究　Ⅳ.①F273.1

中国国家版本馆 CIP 数据核字（2024）第 021614 号

责任编辑：潘　飞　　　　　责任校对：胡永立
封面设计：ablackcover.com　　责任印制：张　健

把创意作为战略核心
BA CHUANGYI ZUOWEI ZHANLUE HEXIN

中国财政经济出版社 出版
URL：http://www.cfeph.cn
E-mail:cfeph@cfemg.cn

社址：北京市海淀区阜成路甲 28 号　　邮政编码：100142
营销中心电话：010-88191522
天猫网店：中国财政经济出版社旗舰店
网址：https：//zgczjjcbs.tmall.com
天津中印联印务有限公司印装　　各地新华书店经销
成品尺寸：170mm×230mm　　16 开　　16.5 印张　　220 000 字
2024 年 2 月第 1 版　　2024 年 2 月天津第 1 次印刷
定价：99.90 元
ISBN 978-7-5223-2784-6
（图书出现印装问题，本社负责调换，电话：010-88190548）
本社图书质量投诉电话：010-88190744
打击盗版举报热线：010-88191661　　QQ：2242791300